少年读诸子百家

少年读三十六计

李 楠 主编

民主与建设出版社
·北京·

图书在版编目（CIP）数据

少年读三十六计 / 李楠主编 . -- 北京：民主与建
设出版社，2020.7

（少年读诸子百家；6）

ISBN 978-7-5139-3074-1

Ⅰ.①少… Ⅱ.①李… Ⅲ.①兵法—中国—古代—少
年读物 Ⅳ.① E892.2-49

中国版本图书馆 CIP 数据核字（2020）第 101693 号

少年读三十六计

SHAONIAN DU SANSHI LIUJI

主　　编	宋立涛	
责任编辑	刘树民	
总 策 划	李建华	
封面设计	黄　辉	
出版发行	民主与建设出版社有限责任公司	
电　　话	（010）59417747　59419778	
社　　址	北京市海淀区西三环中路 10 号望海楼 E 座 7 层	
邮　　编	100142	
印　　刷	三河市燕春印务有限公司	
版　　次	2020 年 8 月第 1 版	
印　　次	2020 年 8 月第 1 次印刷	
开　　本	850mm×1168mm　1/32	
印　　张	5 印张	
字　　数	97 千字	
书　　号	ISBN 978-7-5139-3074-1	
定　　价	198.00 元（全六册）	

注：如有印、装质量问题，请与出版社联系。

　　《三十六计》，又名《三十六策》，内含中国古代三十六个兵法策略，语源于南北朝，成书于明清。它是根据中国古代汉族军事思想和丰富的斗争经验总结而成的兵书，是汉民族悠久文化遗产之一。

　　原书按计名排列，共分六套，即胜战计、敌战计、攻战计、混战计、并战计、败战计。前三套是处于优势所用之计，后三套是处于劣势所用之计；每套各包含六计，总共三十六计。其中每计名称后的解说，均系依据《易经》中的阴阳变化之理及古代兵家刚柔、奇正、攻防、彼己、虚实、主客等对立关系相互转化的思想推演而成，含有朴素的军事辩证法的因素。

　　我们编写的这部《三十六计》，每一计分为"原典""注解""释文""点评""事例"等几大部分，力图以简洁的语言全面展示《三十六计》的丰富内涵。书中的案例，是精心选编古今中外经典事例，读者既能从这些生动的故事中领会到"三十六计"的魅力，又能读到简明的中外政史、战史，加深理解，丰富知识。

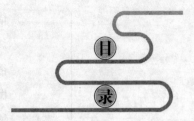

目 录

■ **胜战计**

瞒天过海 / 1

围魏救赵 / 7

借刀杀人 / 13

以逸待劳 / 18

趁火打劫 / 23

声东击西 / 27

■ **敌战计**

无中生有 / 32

暗度陈仓 / 35

隔岸观火 / 40

笑里藏刀 / 44

李代桃僵 / 48

顺手牵羊 / 52

■ **攻战计**

打草惊蛇 / 57

借尸还魂 / 61

调虎离山 / 64

欲擒故纵 / 69

抛砖引玉 / 73

擒贼擒王 / 75

■ **混战计**

釜底抽薪 / 80

混水摸鱼 / 84

金蝉脱壳 / 88

关门捉贼 / 91

远交近攻 / 95

假道伐虢 / 99

■ **并战计**

偷梁换柱 / 103

指桑骂槐 / 106

假痴不癫 / 110

上屋抽梯 / 116

树上开花 / 120

反客为主 / 124

■ **败战计**

美人计 / 130

空城计 / 133

胜战计

瞒天过海

原文

备周则意怠①，常见则不疑。阴在阳之内，不在阳之对②。太③阳，太阴。

注释

①备周则意怠：防备十分周密，往往容易让人斗志松懈，削弱战斗力。

②阴在阳之内，不在阳之对：阴阳是我国古代传统哲学和文化思想的基点，其思想涉及大千宇宙，细尘末埃，并影响到意识形态的一切领域。阴阳学说

是把宇宙万物作为对立的统一体来看待，表现出朴素的辩证思想。"阴""阳"二字早在甲骨文、金文中就出现过，但作为阴气、阳气的阴阳学说，最早是由道家始祖楚国人老子所倡导，并非《易经》提出。此计中所讲的阴，指机密、隐蔽；阳，指公开，暴露。阴在阳之内，不在阳之对，在兵法上是说秘计往往隐藏于公开的事物里，而不在公开事物的对立面上，就是说公开的东西常常蕴藏着非常机密的事物。

③太：极，极大。此句意同②。

译 文

当防备十分周密的时候，就容易麻痹大意；平时看惯的，往往就不再怀疑了。把秘密诡计隐藏在公开的行动中，而不是和公开的形式排斥，公开的东西往往蕴藏着非常机密的事。

点 评

"瞒天过海"，比喻用欺骗手段，以达到预期的目的。"天"指天子，即皇帝。遮挡皇帝视听，瞒骗其上船，使其安全过海（见《永乐大典·薛仁贵征辽事略》）。它在军事上，是一种巧妙制造假象，掩盖真实的军事行动的计谋。主要用于战役伪装，以隐蔽兵力的集结、发动战争的时间等，从而达到出其不意、攻其无备、克敌制胜的目的。

疑其心以乱其谋。指挥员的正确决定，来源于正确的判断，但其判断常受思维活动和认识习惯的制约，如先入为主、常见不疑等。"瞒天过海"之计，就是实而示之以虚，示假隐真，出奇制胜，使敌方指挥员由此而导致思想麻痹，判断错误，用兵失当。这种疑兵之计，实质上是一种攻心战。攻心，也叫"夺心"。英国哲学家培根曾说：心中的猜疑犹如鸟中的蝙蝠，它永远是在黄昏时飞的……这种心理使人精神迷惘，疏远朋友，而且也扰乱事物，使之不能顺利进行。假如我们的指挥员能针对敌将心中的"蝙蝠"，巧施欺敌假象，使他沉溺于犹豫狐疑之中而遇事不决，这就是"夺心"法之一。据历史记载，诸葛亮非常重视攻心。他提出的"用兵之道，攻心为上，攻城为下；心战为上，兵战为下"，可说是对孙子"上兵伐谋"思想的进一步阐述。

事 例

1948 年初秋的一天，东北野战军参谋长刘亚楼与奉命来访的东北局社会部汪金祥部长和陈龙副部长，商谈如何调动东北局社会部的情报力量配合辽沈前线作战的问题。

那是一个秋雨淋漓之夜。室外，秋风挟雨敲打着门窗；室内，宾主亲切握手之后，就围着茶几坐下来，径直切入了急需商讨的主题。

刘亚楼参谋长首先拿出作战草图，传达了党中央和中央军委关于辽沈战役的作战方针，传达了东北野战军司令部的作战部署。他指出：这是一场"关门打狗"的规模空前的大歼灭战，是解放全东北以至全中国的头一个战役，必须调动东北各路大军驰赴锦州，才能赢得一个胜利的开头。

汪金祥和陈龙兴奋地听着他的传达，激动之情溢于言表。围长春、困沈阳，打锦州，真是一个空前绝妙的打法。他们来到东北，终日呕心沥血、辛勤工作，为的就是东北全境的解放，这一天就要来到了，怎不令他们兴奋异常！近几个月就盼着东北这次大决战，可没料到竟是这样一种打法，令他们十分叹服中央决策之高明！他们当即表态说："我们正在深入部署敌区情报工作，需要我们做什么，我们义不容辞，一定全力配合！"

刘亚楼满意地点了点头，指着作战草图说："你们看，我们目前在辽西走廊的兵力还不够开战的需要。要想打胜这一仗，必须从北满、东满大批向这里运兵，数十万大军统统调上去绝非易事。而且，这样一个大的军事行动绝不能让敌人察觉和识破，否则，就将遭到蒋军的阻击，切断我军南下锦州的通道。因此，最好能有一部电台发假情报迷惑敌人，造成他们判断和指挥上的失误，以掩护我大军顺利开进，一举拿下锦州，关上东北地区的南大门！"

汪金祥和陈龙赞同这个瞒天过海的运兵策略，随即提出正好有一部特务电台，是国民党国防部二厅长春站派来哈尔滨刺探军事情报的，现已被我侦破逆用，敌人还未察觉，可以在我方严格控制下，利用这部电台发假情报，做出大文章。具体方案待研究后，即报请东北野战司令部讨论决定。

经连夜研究，第二天，东北社会部向东北野战军司令部提出了自己的方案。方案建议我军调出 4 个师的兵力向南开进，做出佯攻沈阳的假象，将敌人的注意力吸引到东线上来，而我攻锦大军则趁机暗沿四平、郑家屯、阜新西线迅速南下，出敌不意开进锦州地区。佯动过程中，可编出假情报，经东北野战军司令同意后发出，以骗敌人上钩，配合我军攻锦行动。

东北野战军司令部同意了这一方案，同时要求：佯攻部队的出动，要明旗亮鼓，大张声势；而攻锦部队的南下，则要偃旗息鼓，陈仓暗度，不准走漏丝毫消息。

为了使假情报能在敌人心目中发挥最大的可信性，陈龙决定以 257 组名义，给国民党长春站发"请示"电，再给他们楔上一个钉子。"请示"内容是：东北野战军司令部有一个作战参谋，离心倾向很大，是否可以拉过来为"我"所用，以便准确及时地掌握"共军"的军事机密。敌人当时正愁派入哈尔滨的特务组织被破坏殆尽，急需得力的军事情报人员，于是很快批准同意，并要速报此人的姓名、年龄和官职。我方遂用电台复电说：此人叫王展玉，31 岁，是"共军"司令部作战处的参谋，他手里正握有一份重要军事情报可以拍发出去。敌人果然甚感兴趣，深信不疑，立即复电指派王展玉为特派谍报员，表示如果送来的情报重要，还可随时予以提升。其实，这是一个徒有其名而实无其人的王展玉。257 电台已为我侦查科长张汉斌控制掌握两年之久，长

春站不仅毫未察觉，而且认为它能够长期潜伏下来并频送情报堪足信重；尤喜此台拉拢了一个我军核心内部的作战参谋。从此，王展玉不断向敌人发出"重要"的军事情报。

我军佯动开始了，遂用电台立即发出情报："共军有四个师正在白城子至四平、吉林至沈阳间向南运动。"随后，又发电"报告"了我军的出发时间、行军路线和宿营地点。沈阳守敌闻讯惊恐万分，慌忙布置空中侦察，密令地面特务查证，并连续数次向257组电台查询："共军南下的意图何在？"复电说："围困沈阳！"敌人经过空中侦察，经过地面特务报告，果然证实我佯动部队正在浩浩荡荡地向南开进，成千民工大队也沿吉沈公路随军急驰。情报被证实了！257组情报不仅完全属实，而且与其他方面的查证也完全相同。敌方于是认为这个情报"很有价值"，立即上报批准，提升257组组长为上校，提拔获取情报的王展玉为少校谍报员，奖给黄金二十两。

可是，国民党东北剿总司令卫立煌此时尚有疑虑。他忖度：共军为什么放开孤城长春不打，而偏要直攻内有三十万大军严守，外有铁岭、抚顺、本溪、辽阳、新民联成环形军事屏障的沈阳？这里定有文章。他担心"共军"南下意不在沈阳而在锦州，如果一旦失掉锦州，那么蒋军就将被困锁在东北，被一口一口地吃掉。于是急令空军频繁进行空中侦察，结果查明四平、郑家屯一线并无军运迹象。综合各方面核实的情报来看，事实恰好是：东线车马喧嚣，军情紧急；而西线却悄无声息，平静无事。如此看来，不论是围沈还是攻锦，反正共军正在南下。因此，首先围攻沈阳的可能性还是严重存在的，必须加紧设防，应付"共军"的进攻。

就这样，敌人终于上钩了，做出了我军先打沈阳后取长春、锦州的错误判断。我军则沿四平、郑家屯、彰武、西阜新一线向锦州地区急驰而去。

围魏救赵

原　文

共敌不如分敌①，敌阳不如敌阴②。

注　释

①共敌不如分敌：共，集中的。分，分散，使分散。句

意为打集中的敌人，不如设法分散对方而后再打。

②敌阳不如敌阴：敌，动词，攻打。句意为打击气势旺盛的敌人，不如打击气势衰落的敌人。

打击正强大的敌人，应当诱使对方分散兵力；正面进攻，不如向对方空虚的后方作迂回出击。

点 评

"围魏救赵"是一种采取间接方法，排除受威胁地区的危机，实现军事目的的策略。其思想源于《孙子兵法·虚实篇》："兵之法，避实而击虚。"其史实是根据战国时期，为援救赵国孙膑率领齐军在桂陵打败魏军之战。《史记·孙子吴起列传》对此有详细记载。"围魏救赵"，用今天的话来说，即"围城（点）打援"，基本目的在于攻击敌人的要害，使之由严阵以待的局面变为分散运动状态。分散驰援之敌，在仓促回师的急行军中，必然疲惫不堪，而我方则以逸待劳，选择战机，突然袭击，从而达到扬长避短、歼灭敌人、掌握战争主动权的目的。

"共敌不如分敌"就是说：在敌人兵力集中的时候，应用计谋调动敌人，使其兵力分散，顾此失彼，然后再伺机攻打，这样，就容易取胜。古代兵法，凡采取先发制人的战略称为"敌阳"，后发制人的战略就称为"敌阴"。后发制人在一定条件下比先发制人有利。此计就是"倍则分之""引而退之""先兵出击不如后于人而还击之"的军事斗争艺术的运用，是"避实击虚、避强击弱、避治击乱、避锐击衰"借以退敌、破敌的一种克敌制胜的计谋。"围魏救赵"的计谋，历来为兵家所推崇，是用兵作战的重要战术，在中国古代、近代、现代运用的战例不可胜数。

事　例

唐朝名将郭子仪手下有一员虎将叫仆固怀恩，此人在安史之乱中立过战功。他不满意唐王朝对他的待遇，偏偏又不学先贤解甲归田，而要唯恐天下不乱地发动叛变。他还派人跟回纥和吐蕃联络，撒谎说，郭子仪已经被宦官鱼朝恩杀害，要他们联合起来反对朝廷。那两个幼稚的首领信以为真，于是也跟着出兵兴风作浪。

公元765年，仆固怀恩带领回纥、吐蕃几十万大军向长安进发。也是老天有眼，仆固怀恩半途上突发急病死了。回纥和吐蕃大军还是越战越酣，继续进攻，唐军抵抗不住。回纥、吐蕃联军一路高歌直打到长安北边的泾阳，对长安的威胁近在咫尺。唐代宗和朝廷上下那些官员们再也坐不住了，大家商量了一番后认为，要打退回纥、吐蕃，只有依靠老将郭子仪。

那时候，郭子仪正在泾阳驻守，手下没有多少弟兄。但姜还是老的辣，郭子仪不愧是久经沙场，他一面吩咐将士构筑防御工事，不许跟敌人交战，一面派探子去侦察敌军的情况。不久，探子回报："根据可靠情报，回纥和吐蕃两支大军虽说是联军，但其实貌合神离，内部矛盾重重。"接着，如此这般地细说了一番。

"干得好！"郭子仪微微一笑，似乎看到了胜利的曙光。当天晚上，郭子仪派他的部将李光瓒偷偷地到了回纥大营，去见回纥都督药葛罗。药葛罗颇感奇怪地说："郭将军还活着？听说他早已经去世了，你是在忽悠我吧？"

李光瓒说："他老人家哪那么容易死呢，现在人就好好地在泾阳呢。"

但是药葛罗还是说什么也不相信。李光瓒回到唐营，把回纥人的怀疑向郭子仪回报了。郭子仪决定自己去走一趟，给他们验明正身，看他们答不答应退兵。想当年在战场上，谁听见"郭子仪"的大名不惧三分呢！一帮忠诚的将领们认为让元帅亲自到敌营去太冒险，有人提出，派500个精锐的骑兵跟去做保镖。

郭子仪大手一挥说："不行！带这么多保镖，反而有损我的威名。我只要几个人陪我一起去就可以了。现在他们兵多，我们兵少，要力争不跟他们打。我这次去，如果和他们谈判成功，那就万事大吉；假使我有什么三长两短，还有你们在嘛！"

说着，他跳上了马，带着几个随从，骑马出了城，向回纥营的方向奔去。

　　回纥兵士远远望见有几个人骑马过来，连忙报告药葛罗。药葛罗和回纥将领们大吃一惊，立即命令兵士摆开阵势，拈弓搭箭，准备迎战。

　　郭子仪带着随从兵士到了阵前，药葛罗和将领们睁大眼睛望着来人，最后异口同声地叫了起来："啊，真是郭将军哩！"说着，大伙儿一起翻身下马，围住了郭子仪，又是问好，又是行礼，忙得不亦乐乎。

　　郭子仪跳下马来，走上前去握住药葛罗的手，一副惋惜的神态，和气地对他说："没想到呀，你们回纥人曾经给唐朝立过大功，朝廷待你们也不薄，为什么要跟着那个逆贼仆固怀恩乱起哄呢？回头是岸，你们快趁早退出吧！"

　　药葛罗一脸愧色地说："郭将军再这么说我们脸可是没处搁了。我们上了仆固怀恩那小子的当，以为皇帝和郭将军都已经死了；要是知道郭将军还在，仰慕还来不及，哪还会同您打仗呢？"

　　郭子仪说:"吐蕃和唐朝是亲戚关系,现在也来侵犯我们,掠夺我们百姓的财物,实在太不像话了!我们准备好好地教训一下他们。如果你们能帮我们打退吐蕃,朝廷少不了你们的好处。"

　　两人一番谈论之后,回纥元帅终于被郭子仪说服,并答应去攻打吐蕃兵。这个时候有一群回纥兵慢慢靠近郭子仪,郭子仪的几个保镖有点紧张起来,也挨到郭子仪身边,想保护他。郭子仪豪爽地挥了挥手,叫随从让开,接着就叫药葛罗派人拿酒来。药葛罗的左右送上酒,郭子仪把酒洒在了地上。郭子仪大喊:"大唐天子万岁!回纥大汗万岁!"药葛罗也跟着郭子仪起了誓,洒了酒,双方订立了盟约。

　　吐蕃兵知道自己落单以后,非常害怕,就决定连夜逃走,连铺盖卷也不要了。唐军与回纥联合起来追击,大胜吐蕃。

　　郭子仪单骑退回纥,并不单单是因为他艺高人胆大,还因为他找到了对方的缺口,在充分了解敌方部队的内部矛盾后,单枪匹马进入对方阵营,用自己的诚意和出色的辩才征服了对方,使其主动放弃了进攻的机会,从而使唐朝的局势转危为安。在很多时候,力量的大小并不是由人决定的,最重要的是能不能从对方的弱点入手,主动出击。"牵一发而动全身",说的就是这个道理,攻破了一个点,整体自然好击破了。

借刀杀人

原　文

敌已明，友未定①，引友杀敌，不自出力。以损②推演。

注　释

①友未定："友"指军事上的盟者，也即除敌、我两方之外的第三者，可以暂时结盟而借力的人、集团或国家。

②损：出自《易经·损》卦："损：有孚，元吉，无咎，可贞，利有攸往。"孚，信用。元，大。贞，正。意即取抑省之道去行事，只要有诚心，就会有大的吉利，没有错失，合于正道，这样行事就可一切如意。又卦有《象》曰："损，损下益上，其道上行。"意指"损"与"益"的转化关系，借用盟友的力量去打击敌人，势必要使盟友受到损失，但盟友的损失正可换得自己的利益。

译　文

在敌方的情况已经明朗，而盟友的态度还不确定时，要诱导盟友去消灭敌人，以保存自己的实力。这一计是按照《易经·损》卦中关于"损下益上"的道理推演出来的。

"借刀杀人"，比喻自己不出面，利用别人之力，实现自己企图的一种政治权术。它运用到军事上，就是针对敌方阵营各种势力对我的不同立场和态度，而采取分化瓦解或积极争取的斗争策略。

古代有关著作中，"借刀杀人"之计的内容包括"借力""借刀""借财物""借敌将""借敌谋"等方面，其运用相当广泛。如《韩非子·内储说下》有"借敌杀良臣"的故事；《后汉书·王允传》有"借吕布杀董卓"的故事；《三国志·诸葛亮传》有"孔明借孙权之力拒曹操于赤壁"的故事；《红楼梦》第六十九回中有"凤姐虽恨秋桐，且喜借她可以发脱二姐，用借刀杀人之法"的故事，等等。

东汉建安二十四年（公元219年），夏侯渊与刘备在阳平争战，夏侯渊战死。曹操不服气，亲自率领大军来到阳平，准备与刘备来个大决战，为他的爱将夏侯渊报仇。本来大家可以看一出两大枭雄大战的好戏，谁知刘备玩起了闭关，依据险要的地势，就是坚守不出。曹操急得只好悻悻而归，回了长安，派于禁协助曹仁前往挑衅。

正当于禁、庞德大军屡战屡胜之时，天公不作美，一场大雨把魏军困在了一片汪洋之中。刘备的二弟关羽闻讯大喜，立即带兵前往，将魏军围得跟铁桶似的。魏军四面冲杀，结果没有成功。于禁一时动了求生之念，便下跪投降了关羽。

许昌城内，曹操听到于禁投降后，破天荒地流下泪来。这令他的手下很费解：魏王以前可从没在人前流过泪。曹操说道："于禁跟我打打杀杀多年了，立的战功也不少，想不到他会晚节不保呀！"贾诩提醒道："魏王，现在还需要想救援樊城之事。"曹操说道："你说得对，谁愿意再领兵前往？"徐晃说道："魏王，我愿前往！"曹操说道："一定要小心，不可重蹈于禁等人的覆辙。"徐晃说道："一定不辱使命！"

话分两头，就在关羽战樊城的同时，东吴的都督吕蒙又突然告病，陆逊成了接班人。这个陆逊也不简单，提笔给关羽写来了书信，信中满是对关羽的敬佩之情。关羽心想：小后生一个，不足惧也。他一时得意，就将荆州全部驻军都撤了出来，加大攻打樊城的力量。

这边，关羽听得徐晃前来，自信满满地说道："徐晃与我是多年的朋友，这回他可能不会全力攻我。"两军阵前，关羽上前说道："多年不见，公明一向可好？"徐晃也施礼道："云长头发可都白了，故人在这里有礼了。"关羽正要说话，就见徐晃提着大斧说道："众士兵有谁能取关羽首级的，赏金千两，封万户侯！"关羽以为自己听错了，大惊道："公明，你这是做甚呀？"徐晃说道："我与云长的交情，是私事；现在为魏王效力，救援樊城，这是公事。徐晃虽只是一个粗

人，也不能因私废公！"说完，拿着大斧摆了几个姿势，魏军就"啊，啊"地冲杀了过来。关羽见状，只得拿出他的青龙偃月刀应战。

两边战得正酣之时，樊城内的曹仁也终于带兵冲了出来，这样蜀军成了肉夹馍的心，受到了魏军的两面夹击。关羽见势不妙，就说道："众人随我撤回荆州，以后再图樊城。"蜀军一阵冲杀，终于冲了出来，但是人马死的死、伤的伤，损失惨重。

就在关羽返回荆州的途中，却听到荆州已落入东吴之手的消息。起初关羽还不信，他说道："吕蒙已是一个病人，陆逊又是一个书生，荆州定然不会有失。"但再向前走，荆州守将赵累却狼狈地逃了出来。关羽大惊道："莫非荆州真的丢了？"赵累对关羽哭诉了荆州的丢失经过。原来，就在关羽调全部荆州守军支援樊城时，东吴的都督吕蒙用白衣渡江之计，成功越过了长江。荆州防备已是形同虚设，吕蒙没费什么劲就成功袭取了荆州。关羽无奈之下，只得退往麦城避避风头，又让人去周围请求援军。但关羽驻荆州时太不懂为人要低调，气势太盛，早已将周围的同僚都得罪完了，结果公安太守傅士仁、糜芳投降了东吴，上庸守将孟达则投降了曹魏，全部都没有发来援军。这下，关羽可说是叫天天不应、叫地地不灵了。东吴都督吕蒙四面围住了麦城，终于活捉了关羽。

吕蒙将关羽带到建业，孙权对关羽父子盛情款待，好言好语地劝慰，但关羽这个铁骨头誓死不降。孙权那个气呀，嘿！我放下身份劝他，这人却这么不识抬举！气愤之下就将关羽父子斩了首。张昭从外面视察回来，听说孙权杀了关羽，大惊道："吴侯，这一下子你可闯了大祸哟！"孙权问道："啥大祸？"张昭说道："关羽和刘备、张飞可是拜了把子的生死兄弟；刘备要是晓得吴侯杀了关羽，肯定要带着大队人马过来为他兄弟报仇！刘备现在是兵多地广，到时候领着几十万人马杀过来，我们哪里扛得住呀！"孙权后悔道："也是我一时气愤，才把他们给杀了。那现在应该怎么办呢？"张昭道："不如将关羽首级送往许都，让刘备以为是曹操杀了关羽，那时候就是他们替我们挨砍了。"孙权点头称妙，立即命人将关羽首级送往许都。

曹操接到关羽首级后先是一愣，继而问道："孙权把关羽的脑袋送来，是搞什么名堂？"司马懿说道："魏王，这是孙权的移祸之计。他一定是一时脑袋发热才杀了关羽，事后又怕刘备来报复，才将关羽首级送给魏王。他想一旦这样，刘备就会认为杀关羽是魏王之意。"曹操笑道："碧眼小儿，还会有这样的鬼法子！不过我可不会上他的当，传令百官，将关羽按王侯之礼安葬，文武百官和我都要挂孝给他送葬。"
曹操感叹道："当年我与云长相识，哪想到会有今天！"次
日，许都城内一片白色，曹操带着文武百官，亲自为关羽挂
孝。曹操在关羽坟前站了很长时间，流了好多眼泪，最后才
慢步回府去。

　　虽然曹操没有上孙权的当，但是我们还是从中体会到了
借刀杀人的运用。其实我们不应将借刀杀人的含意仅仅局限
在"杀人"层面上，这个计策的精髓是"借"字，如何深刻
地理解"借"字才是关键所在。在我们的现实生活中，杀人
不仅犯法，而且是要坐牢甚至付出性命代价的。所以，在应
用此计时，我们要把"刀"理解成能够击中要害的东西，而
"杀人"就是打败对方。

以逸待劳

原　文

　　困敌之势[①]，不以战；损刚益柔[②]。

注　释

　　①困敌之势：迫使敌人处于困顿的境地。

②损刚益柔：语出《易经·损》卦。"刚""柔"是两个相对的事物现象，在一定条件下对立的双方又可相互转化。"损"，卦名。本卦为异卦相叠（兑下艮上），上卦为艮，艮为山；下卦为兑，兑为泽。上山下泽，意为大泽浸蚀山根之象，也就是说水浸润着山，也损着山，故卦名叫"损"。"损刚益柔"是根据此卦象讲述"刚柔相推，而生变化"的普遍道理和法则。

译 文

要迫使敌人处于困难的局面，不一定急于采取进攻的手段，而是根据强弱相互转化的原理，先消耗、疲惫敌人，使他由强变弱，陷于被动，再发动攻击，一举歼灭。

点 评

"以逸待劳"语出《孙子·军争篇》，原文为："以近待远，以佚（同"逸"）待劳，以饱待饥，此治力者也。"又如《南北筹兵论·上》说："闻之兵法，守者常逸，而攻者常劳，以逸待劳。"原计说的就是，迫敌处于困境，不一定非用直接进攻的手段，可以按照"损刚益柔"的原理，避其锐气，实行积极防御使其逐步消耗、疲惫，由强而弱，我方就可以由被动变为主动。这是一种掌握战争主动权、伺机破敌、转守为攻的军事谋略。

此计正是根据《损》卦的道理，以"刚"喻敌，以

"柔"喻己，意谓困敌可用积极防御、逐渐消耗敌人有生力量的方法，使之由强变弱，而我因势利导又可使自己变被动为主动，不一定要用直接进攻的方法，同样可获胜。

"以逸待劳"的"劳"和"逸"，是对立统一的。"逸"能养精蓄锐，保持战斗力；"劳"则沮丧士气，削弱战斗力。但无"劳"则无作战胜利，也自然谈不上"逸"。运用此计的关键在于"待"，即以我之从容休整，养精蓄锐，对敌之奔走疲劳；或以我小部兵力之劳，换取大部兵力之逸，始终保持部队的作战锐势。孙子称此为掌握军力、创造战机之法。

事 例

第四次中东战争爆发后，以色列人从震惊中清醒后立即发起疯狂反扑。1973年10月8日装备精良的以色列王牌部队第190装甲旅，奉命从阿里什增援固守菲尔丹附近孤立据点的以军，破坏菲尔丹桥，以阻止这个方向的埃军继续向前推进。

第190装甲旅装备最先进的M-60型坦克120辆，该旅经常被派往最关键的地区作战，有战必胜，有攻必克，为以色列屡建战功。第190旅以每小时40～45公里的速度向前猛进，突破了埃及第二师的第一道防御阵地，在埃及第二师的第二道防御阵地前遭到埃及人的顽强抵抗。亚古里连续发起三次攻击，埃及人以反坦克导弹和火箭筒击毁了亚古里的

35辆坦克，仍寸土不让。亚古里从来没有遭到这么大的损失，认为这是有损于"王牌旅"和以色列军人的面子，他恼羞成怒，下令把剩余的85辆坦克全部集结在埃军防御阵地前，要不惜一切代价与埃军决一死战。

埃军第二步兵师分析了当时的敌情：以军坦克孤军深入，缺乏炮兵和航空兵支援；经过远距离行进，疲惫不堪；三次突击受挫，指挥官容易急躁，并且急于同菲尔丹附近的以军会合。埃军决定，以逸待劳、诱敌深入，寻找最有利的战机，伏击围歼该旅主力。他们首先派工兵营在菲尔丹附近架设假桥，增大交通量，制造埃军后续部队准备渡河的假象，促成以军下定急于增援的决心。

然后，埃军命先头营撤出原阵地，且战且退，助长敌人的骄傲轻敌情绪，佯败诱敌。埃军担任伏击的部队只携带反坦克导弹和火箭等便于隐蔽的轻型反坦克武器，并在道路两侧二三百米处挖掘单兵掩体，利用沙丘进行隐蔽。

以军未识破埃军的行动企图，亚古里正是中了埃军以逸待劳之计。亚古里率第190旅向菲尔丹前进时，埃军截获了以军作战命令，命令埃军第二步兵师师长阿布萨德伏击第190旅，力争全部歼灭。阿布萨德素知亚古里骄横一时，不把埃军放在眼里，他在亚古里的必经之路上设下三道防线。在第一道防线上稍作抵抗迅速撤退；在第二道防线上给亚古里以较大打击，以激怒亚古里，引诱他进行疯狂"报复"；在第三道防线上，一举歼灭亚古里。阿布萨德见亚古里中计，立即命令埃军撤出阵地，"仓皇"向后"败退"。亚古里哪肯放过，一声令下："全速追击！"

阿布萨德的第三道防线选择在公路两侧便于隐蔽的沙丘附近，距公路仅200余米。亚古里的85辆坦克驶入伏击地后，阿布萨德命令全体官兵在同一时间对同一辆坦克发射三四枚导弹，以每分钟发射85发反坦克导弹的速度向在公路上排成一排的以色列坦克猛轰不止。埃军在隐蔽处，以军前不能进，后不能退，离开公路就陷入沙海，因此完全处于被动挨打局面。激战了20分钟，以军85辆坦克全部被摧毁，以色列王牌第190装甲旅全旅覆灭，亚古里本人也成了埃及人的战俘。

趁火打劫

原 文

敌之害大①，就势取利，刚决柔也②。

注 释

①害：指敌人所遭遇到的困难、危厄的处境。

②刚决柔也：语出《易经·夬》卦。夬，卦名。本卦为异卦相叠（乾下兑上）。上卦为兑，兑为泽；下卦为乾，乾为天。兑上乾下，意为有洪水涨上天之象。《夬》卦的《象》辞说："夬，决也。刚决柔也。"决，冲决、冲开、去掉的意思。因《乾》卦为六十四卦的第一卦，乾为天，是大吉大利的贞卜，所以此卦的本义是力争上游，刚健不屈。所谓"刚决柔"，就是下乾这个阳刚之卦，在冲决上兑这个阴柔的卦。此计是以"刚"喻己，以"柔"喻敌，言乘敌之危，就势而取胜的意思。

译 文

这一计的原意是：当敌方遇到困难、危机时，就要乘机出兵夺取利益。这是一个果敢决断、乘人之危、制服对手的谋略。

点评

大家都知道趁火打劫是不道德的行为，要受到法律制裁和道德谴责。但是，战争只有正义与非正义之分，而没有道德与不道德之分，战争双方所追求的都是最大限度的胜利。

就本计来说，"打劫"是目的，"趁火"是条件。只有对方着了"火"，并集中精力救"火"的时候，才是打劫的好时候。这就告诉用计者，在对方只有小"火"，或者只有起"火"的因素时，不能盲目打劫，必须想办法促使对方真正的"火"起来。如果没有"火"，还必须亲自去点"火"，再煽一煽风。

"火"，指内忧和外患。从国家的角度说，内忧主要是指大灾荒、病疫大流行、社会大动荡等；外患主要是指外敌入侵、经济大封锁等。从军队的角度说，内忧主要是指将帅指挥不明、后勤供应不足、军心涣散、疲劳不堪、兵力弱小等；外患主要是指敌方的不断袭击等。总之，只有等到对方矛盾激化，危机扩大；或者促使其矛盾激化，危机扩大之后，才是打劫的良机。这对于敌方是雪上加霜，对于我方则是得利不饶人，痛打落水狗。

事例

明朝末年，政治腐败，民不聊生。那个上吊而死的崇祯皇帝倒是有忧国忧民之心，想振兴大明。可惜，他耳根子软，听不得人家的挑拨，加上疑心大，鼠目寸光，贤臣良将根本不能在朝廷立足。他一连更换了十几个宰相，又把一个铁骨铮铮的护国良将袁崇焕一刀刀给割死了。他周围就只剩下一帮使奸耍滑、拍马屁的小人。明朝的江山如暴风雨中的破茅草屋，摇摇欲坠。

公元 1644 年，闯王李自成率领着一批农民兄弟一举攻下了京城，建立了大顺王朝。可惜农民军进京之后，还没站稳脚跟，首领们就学人家腐化堕落起来。

还有一位当时的名人不得不说，那就是吴三桂。此时他带着 10 多万兄弟守山海关。他这人本是小人，又像墙头草一样骨头发软。他看明朝大势已去，李自成称帝，想投奔李自成巩固自己的实力。而李自成此时沉浸在胜利的骄傲之中，根本没把吴三桂看在眼里，抄了他的家，扣押了他的父亲，掳了他的爱妾陈圆圆。本来就朝三暮四的吴三桂，"冲冠一怒为红颜"，发誓要与李自成战斗到底，但是在李自成 40 万大军面前又不得不老实下来，不敢轻举妄动。

吴三桂思来想去，最后决定找清王朝做自己的靠山，借清兵势力消灭李自成。那时因清朝顺治皇帝年仅 7 岁，所以一切军国大事都由摄政王多尔衮做主。吴三桂报仇心切，亲自去见多尔衮。

吴三桂言辞恳切地说："咱们明清两国，以前关系都不错。当年清国遇上战乱，我明朝二话不说就发兵相助。现在明朝有了不幸，盗贼四处横行，京都又沦落敌手，君王也驾崩了，百姓的生活艰难，我明朝跟那帮叛贼有不共戴天之仇。平定叛贼，本来是我的分内之事，惭愧的是我兵微将寡，怕挡不住那一帮乌合之众。清国如果看在两国以前的交情上，就应该发兵以助我一臂之力。"多尔衮本来早就有了入侵中原之心，只是在等待一个好时机，吴三桂这番话正中下怀。他听完暗自欣喜，认为时机成熟，可以实现多年的愿望了。

但多尔衮是一个老谋深算的人，为了有充足的时间准备，他虽心里高兴，脸上却显出为难之色，说："按理说，明国内乱，我国作为邻邦应该出手相助，但我国国小兵弱，恐怕到时候不但帮不上忙，反倒拖累你们的大计。我们现在是心有余而力不足，实在对不住了。"

吴三桂只好怏怏而归。后来，吴三桂又多次苦苦哀求，多尔衮仍不松口。其实，多尔衮暗地里已经开始秣马厉兵了。等准备停当，他才假惺惺地对吴三桂说："既然将军三番五次请求，本帅也被将军的诚心所感动，我国愿出兵援助你们，马上就可以启程。"

吴三桂一听大喜，于是与多尔衮的清兵合兵一处，浩浩荡荡穿过山海关，向中原腹地大举进兵。这时中原已是战火纷飞，多尔衮与吴三桂联合进攻，像秋风扫落叶一样，只用了几天的时间就打到京城，赶走了李自成。

清兵占据北京，堂而皇之地登上了金銮宝殿。消灭李自成后，清军接着进攻明朝的残兵，最终统一了整个中国。

多尔衮乘中原内乱之机，以助剿为名，趁火打劫，最后谋得了中原的统治权。多尔衮在给史可法的一封信中这样说："国家之抚定燕京，乃得之于闯贼，非取之于明朝。"由此可见，这是典型的趁火打劫之计。

声东击西

原　文

敌志乱萃①，不虞②，坤下兑上之象③，利其不自主而取之。

注　释

①敌志乱萃：援引《易经·萃》卦中"象"辞"乃乱乃萃，其志乱也"之意。萃，同"悴"，即憔悴，是说敌人神

志混乱而且疲惫。

②不虞：未意料，未预料。

③坤下兑上：萃卦为异卦相叠（坤下兑上）。上卦为兑，兑为泽；下卦为坤，坤为地。有泽水淹及大地、洪水横流之象。

这里没有讲声东击西的用法，只是强调用计的条件。就是说：当敌指挥官思维混乱、失去清醒的判断时，运用计谋，才容易成功。

此计是运用"坤下兑上"之卦象的象理，使"敌志乱萃"，使其陷于错乱丛杂、危机四伏的处境；而我则要抓住敌人不能自控的混乱之势，机动灵活地运用时东时西、似打似离、不攻而示之以攻、欲攻而又示之以不攻等战术，进一步造成敌人的错觉，出其不意地一举夺胜。

点 评

"声东击西"的意思是表面上或口头叫嚷要攻打东边，实际上却攻打西边。它是以假象让敌人产生错觉而出奇制胜的一种策略。《孙子·势篇》、《淮南子·兵略训》《通典·兵六》等书中均有论述。如《淮南子·兵略训》中说："故用兵之道，示之以柔而迎之以刚，示之以弱而乘之以强，为之以歙而应之以张，将欲西而示之以东……"《通典·兵六》中也讲："声言击东，其实击西。"此计通常是用灵活机动的军事行动，忽东忽西，即打即离；声彼击此，欲进以退；不攻而示之以攻，欲攻而示之以不攻；像必然而不然，像不然而必然；似可为而不为，似不为而为之。敌人按情推理，我却因势施计，从而达到出其不意而取胜之目的。

事 例

汉二年（公元前 201 年）四月，汉王刘邦兵败彭城，退到荥阳、成皋一线与项羽相持。五月，原与刘邦在一个战壕里的魏王豹背汉降楚，派大将柏直、冯敬扼守黄河临晋渡口，企图阻挡汉军北进。八月，刘邦决定把魏王派的这两个扯后腿的除掉，于是任命韩信为左丞相，率曹参、灌婴二将，领兵伐魏。

韩信率领大军来到临晋渡口，遥见对岸魏军把守很严，硬拼不是个办法，于是就下令暂且安营扎寨。他一面派人收集船只，做出准备从此处攻打的样子；一面派探马暗察上游地势。不久，探卒来报，说上游夏阳地方魏军防守很松。韩信就带领曹参、灌婴二将前去查看地形，但到夏阳实地一看才明白为什么魏军不在此防守了。只见夏阳河段水深滩险，波涛汹涌，别说是行船，就是扔片树叶下去只怕也很难浮起来，而且河中布满了礁石，船只根本无法通行。曹参、灌婴二将看后都把头摇得跟拨浪鼓似的，韩信却饶有兴味地站在那凝神苦想了好一阵子。

　　回到营地，韩信仍然决定利用夏阳河段，采用声东击西之计，出其不意击败魏军。他当即传来曹、灌二将，命曹参领兵上山伐木，大小都行，越快越好；令灌婴带人前往市场，购买数千瓦罂，每个瓦罂要能容纳二石的物品。二人听后，都感到很意外，一齐问道："将军要这些东西有什么用？"韩信说道："二位不必急问，到时自知。"二人只得奉命退出，分头行事。

　　两天之后，曹参、灌婴二人将所需物品都办齐了，就向韩信复命。韩信又命令道："你二人再将所备物品制成木罂，制法均在这封函中，制成后立刻回报。"说完，将一封函交到二人手中。

　　二人受命出帐，马上指挥将士，按函中要求，用四根木头夹住一个瓦罂，捆绑牢固，然后再将木罂用绳连起，数十个连成一排，分别连成数十排。由于日夜赶制，几天后，木罂已制造完毕。

　　韩信见准备工作已经做好，等到黄昏，又召来曹、灌二将，命灌婴率领数千人马守住前些天收集来的船只，命令士兵只准击鼓呐喊，不准擅自渡河，违令者斩。而自己与曹参统领大队人马暗中搬运木罂，连夜赶到夏阳，然后指挥将士把木罂放入河中，每个木罂内载二至三人，用桨划水，缓缓向对岸渡去。因木罂体轻，浮力又大，四周都是木头，即使撞到河中礁石也不会破损，因此顺利渡过了这段险峻的河段。

与此同时，傻守在临晋渡口的魏将柏直、冯敬，忽然听到对岸汉军鼓响如雷，喊声震天，以为韩信真要强行渡河，急忙调动人马，严密注视对岸动静。他们哪里知道，对岸汉军只是虚张声势，而真正汉军主力正在韩信的指挥下，在他们认为滩险水急、难以行船的夏阳，用木罂徐徐渡过黄河。

汉军过了河，魏军还浑然不觉。韩信率领大军，以迅雷不及掩耳之势，下东张，拔安邑，直逼魏都平阳。魏王豹兵败后逃到东垣，被汉军包围，走投无路，只得下马就擒。不到一个月，韩信就平定了魏地。

"声东击西"，是自古以来兵家常用的一种战术。"声东"者，为明，以虚充实，虚张声势，迷惑敌人；"击西"者，为暗，以真正的实力和迅雷不及掩耳的速度，将敌人击败。韩信在临晋渡口布置了一部分兵力，虚张声势，给敌人造成一种假象，目的正是在于掩盖自己的真正意图；然后率领主力，从魏军意想不到的地方，用常人意想不到的工具木罂载军过河，把魏军打了个措手不及。

敌战计

无中生有

原 文

诳[1]也,非诳也,实[2]其所诳也。少阴[3],太阴,太阳[4]。

注 释

①诳:欺诈、诳骗。

②实:实在,真实。此处作意动词。

③阴:指假象。

④阳:指真相。

译 文

通俗地讲,就是用假情况去蒙骗敌人,但不是弄假到底,而是要巧妙地由假变真。在连续采用假攻击造成敌人的错觉之后,就要果敢地转为实际的攻击。其基本的逻辑程序是：假——假——真。

敌
战
计

点评

"无中生有"计出《尉缭子·战权》："战权在乎道之所极。有者无之，无者有之。"古典小说中也常见，如《脂评石头记》第二回中说："欲谓冷中出热，无中生有也。"

"无中生有"本意是指凭空捏造，栽赃陷害。运用于军事上，就是采取虚虚实实的手段，虚中有实，用假象欺骗敌人，造成其判断和行动都失误的一种计谋。一般地说，"无"即迷惑敌人之假象，"有"是假象背后之真实企图。要想正确运用它，必须认真研究敌方指挥人员所具有之性格及其在当时情况下存在的弱点。凡头脑简单、易于轻信或过于谨慎、过于疑心之人，即可用欺诈办法使其迷惑，然后乘敌人困惑不解之际，适时化假为真、化虚为实、化无为有，给予出其不意的攻击。似此，定收奇效。

事例

日本东京市荒川区有个叫矢田一郎的人，研制成功了专供残疾人使用的安全便器后，便专程到东京各商店去推销。他不厌其烦地向商店的业务主管人员介绍安全便器的性能及其使用价值："残疾人由于生理障碍，大小便时很困难，这个安全便器就是专为他们设计的，其销售前景颇为广阔。"

可是商店的业务主管们采取观望的态度，因为他们不知

33

道这种安全便器究竟是否有销路，而且在橱窗里陈列便器，很不雅观，所以他们婉言谢绝进矢田一郎的货。

这使矢田一郎陷入了倾家荡产的境地。他原先并非是商人。他唯一的儿子是个残疾，每次大小便都需要他去帮助，搞得他满头大汗，也使儿子感到很痛苦。长此下去，总不是办法，于是他就专心研制一种专供残疾人使用的安全便器。经过两年的研制，终于取得了成功。

他想，社会上的残疾人很多，生活上有诸多不便，造成了本人及家庭的许多困难。如果将这种安全便器推广出去，不仅可以减少残疾人的困难，还可以使自己获得可观的利润。于是他将安全便器申请了专利，投入了全部家财，生产安全便器，谁知一推销就碰了壁。

当他走投无路时，他的一个好朋友为他出了一个点子。

当时，日本已盛行通过电话进行订货的业务。几天之后，东京好些百货商店都接到这样的订货电话：

"请问，贵店有专供残疾人使用的安全便器吗？"

"很抱歉，本店没有这种货物供应，请到别的商店去问。"

别的商店也接到了同样的电话，也同样无法供应。由于接到这种订货的电话很多，引起了商店的重视，就将这个情况反映到所属的百货公司里去。

公司很重视这个"信息"，便想迅速进货来满足商店营业的需要。终于他们记起了曾有个叫矢田一郎的人来推销过这种商品，当时被他们一口回绝了，现在看来是失策的。于是，他们就主动寻访矢田一郎，从他那里进了大批的安全便器，使矢田一郎积压的产品一下子销售出去，获得了相当可观的利润。

事实上，所有的订货电话，都是矢田一郎和他的朋友们打出的。由于这些"无中生有"的电话，顿然使安全便器成了热销商品。

安全便器的热销说明它确实能给残疾人带来方便，这说明产品本身的质量是很过关的；而且，矢田一郎巧妙地运用无中生有的谋略，利用那些假订货电话，果然使经销商产生了销路很大的印象，从而一举推出了自己的产品。

暗度陈仓

原　文

示①之以动②，利其静而有主③，益动而巽④。

注　释

①示：给人看。

②动：此指军事上的正面佯攻、佯动等迷惑敌方的军事行动。

③主：专心，专一。言敌方静下心来专注（我方的佯动）则于我方有利。

④益动而巽：语出《易经·益》卦。益，卦名。此卦为异卦相叠（震下巽上）。上卦为巽，巽为风；下卦为震，震为雷。意即风雷激荡，其势愈增，故卦名为益。与损卦之义，互相对立，构成一个统一的组卦。《益》卦的《象》辞说："益动而巽，日进无疆。"这是说益卦下震为雷为动，上巽为风为顺，那么，动而合理，是天生地长，好处无穷。

译文

以佯动显示我准备沿此路线进攻，吸引敌方在这里固守，我却悄悄迂回到彼处去，乘虚而入。这样，利用人们一般的思维判断习惯去行动，就如同顺水行船一样容易成功。

此计是利用敌人被我"示之以动"的迷惑手段所蒙蔽，而我即乘虚而入，以达到军事上的出奇制胜。

点评

此计全称应为"明修栈道，暗度陈仓"。原来说的是，楚汉相争时，刘邦在南下汉中的路上，采纳张良建议，先是烧毁栈道，以示不回关中，麻痹项羽；而后乘齐王、赵王等反项羽之机，向关中进军，明里派人修复栈道，暗地却迁回至陈仓（今陕西省宝鸡市东），突袭咸阳，占领关中。"暗度陈仓"是一种迂回袭击，即用正面佯攻、佯动的手段来迷惑敌人，用以掩盖己方另外的攻击路线和突破点的策略。其"明""暗"，反映用兵的"奇正"关系。古代军事家认为，出奇制胜的兵法，来自正常用兵原则，必须引诱敌人按正常用兵原则来判断我军行动企图，方能收出奇制胜之效。所以，"暗度陈仓"必须以"明修栈道"来分散敌人的注意力。

事例

1967年6月5日，以色列在美国的支持下，以闪电战的方式，向阿拉伯国家发动了大规模的侵略战争，即第三次中东战争。为了实现突然袭击的目标，以色列在袭击前采取了一系列迷惑阿拉伯世界的措施。

6月3日夜晚，适逢周末。刚上任不久的以色列国防部长达扬公开发表讲话，排除了采取军事行动的可能性。他说："打架是最没意思的事情，文明人绝对不该随便打架。现在好了，政府在我上任之前就采取了很管用的外交手段来解决问题，我们一定要在外交上解决问题。"为了使人们相信他所发表的声明，第二天，他就让数千名以色列官兵休假，故意到热闹繁华的场所游玩，免费喝扎啤，尽情狂欢。同时，各报星期六的头版头条，都以照片的形式大肆报道这些官兵在海滩和酒吧游乐的情况。这一切不仅使普通的以色列百姓信以为真，就连埃及高级将领们都松了一口气：尽管传言形势已剑拔弩张，但从这一切迹象来看，这架在近期内似乎是打不起来的。

同以色列政治外交上采取的这些欺骗活动相一致，以色列军队也采取了一些明修栈道的措施。为了把埃及军队的注意力从地中海吸引到红海方面来，在开战前几天，以色列海军装着准备在红海亚喀巴湾为中心的地区实施登陆的样子，并在白天大摇大摆地从陆路将4艘鱼雷快艇运往埃拉特，到了晚上再偷偷地运回原地；第二天，又这样来回运送，给埃及人留下了以色列在红海设置重兵的假象。以色列海军的这一欺骗行动，迫使埃及的2艘驱逐舰从地中海调出，而这2艘驱逐舰相当于埃及海军战斗力的30%。

为了不让埃及方面掌握其在西奈地区展开行动的地面部队的真实情况，以色列陆军南线的部队让小规模坦克部队在实际配备的后方地域来回移动，并且在其周围堆积许多土堆，看上去好像有大规模的坦克部队正在那里进行集结。

开战前，沙龙将军为了使埃及误以为以色列西奈中部军队的进攻方向是西奈南部，制作了许多假坦克，以增强部队实力，装出一副要从两个方面展开作战的样子；并且利用这一假象成功地使埃及人产生了这样一种错误的印象，即以色列主力部队在战争爆发之后，便会通过孔蒂拉向亚喀巴进攻。与此同时，以色列空军也与海军采取了同样的欺骗措施，增加了对亚喀巴湾和红海地区的空中巡逻。埃及方面信以为真，把第一线的苏制先进战斗机从北部基地转移到了南部基地。

以色列明修栈道的计策收到了明显成效，欺骗蒙蔽了埃及人。6月5日7时45分，以色列借口封锁亚喀巴湾，向埃及、约旦、叙利亚等阿拉伯国家发动了突然袭击。以军乘埃军开饭和军官上班前戒备松懈之机，集中了200架飞机空袭埃及空军基地，将埃及大部分飞机摧毁于地面，而后又击毁叙利亚、约旦大量飞机。接着，以军出动22个旅的兵力，实施多方面快速突击，仅用4天时间就攻占了埃及的西奈半岛、约旦河西岸及耶路撒冷的约旦管辖区、加沙地带和叙利亚的戈兰高地。大象就这样被蚂蚁咬断了筋。阿拉伯国家对以军的突然袭击缺少应有的准备，在突然打击面前损失惨重。这场战争一共打了6天，约、叙、埃被迫同意停火。以色列以伤亡809人的轻微代价，夺占了阿拉伯国家6.5万平方千米的土地，使50万阿拉伯人沦为难民。

以色列在"暗渡陈仓"——发动闪电战前，进行了大量"明修栈道"的工作：外交上的和解言辞、以军的散漫、以军重点布防的转移。这一切都是烟幕弹，使埃及上了当，受了以方的牵制，行动围着以军的"佯动"转，岂有不输之理？

隔岸观火

阳乘序乱[1]，阴以待逆[2]。暴戾[3]恣睢[4]，其势自毙。顺以动豫，豫顺以动[5]。

①阳乘序乱：此指敌方内部矛盾激化，以致公开地表现出多方面的秩序混乱，相互倾轧。阳，指公开的。乘，违背，不协调。

②阴以待逆：此指我暗中静观敌变，坐待敌方出现更进一步的恶化局面。阴，暗暗地。逆，叛逆。

③戾：凶暴，猛烈。

④睢：任意胡为。

⑤顺以动豫，豫顺以动：语出《易经·豫》卦。豫，卦名。本卦为异卦相叠（坤下震上）。本卦的下卦为坤为地，上卦为震为雷。是雷生于地，雷从地底而出，突破地面，在

空中自在飞腾。"豫"卦的"象"辞说:"豫,刚应而志行,顺以动。"意即豫卦的意思是顺时而动,正因为豫卦之意是顺时而动,所以天地就能随其意,做事就顺其自然。此计正是运用本

卦顺时以动的哲理,说坐观敌人的内部恶变,我不急于采取攻逼手段而顺其变,"坐山观虎斗",最后让敌人自相残杀,时机一到而我即坐收其利,一举成功。

译 文

这段话的意思是:敌方内部矛盾趋于激化,秩序混乱,我便静待它发生暴乱。敌方反目成仇,自相残杀,势必自取灭亡。这就是以柔顺的手段,坐等有利结局的策略。

点 评

"隔岸观火",原是比喻对别人的困难漠不关心,在一边看热闹的态度。在军事上,则是根据敌情的发展变化,采取"坐山观虎斗"而从中"渔利"的一种谋略。《孙子·军争篇》中有"以治待乱,以静待哗"的论述;另《孙子·火攻篇》中后段指出的"慎动"原理,都和"隔岸观火"之

意吻合。《史记·张仪列传》也记有卞庄子"坐山观虎斗"，"一举果有双虎之功"的故事。运用"隔岸观火"，是当敌方内部矛盾激化，相互倾轧气氛更加显露时，不是直接出兵"趁火打劫"，以免促使其内部暂时联合，增强敌人还击之力；而是等敌方矛盾继续发展，直至出现自相残杀的内部动乱，即可达到敌人自行消亡，我方坐收"渔利"的军事目的。

事 例

战国后期，秦猛将白起（武安君）在长平一战中，创下了歼敌 40 万大军的纪录，大败赵军。接着，他又拿下赵国的 17 座城池，杀到国都邯郸附近，赵国的城墙指日可破。赵国情势危急，国内一片恐慌。不想当亡国奴的赵王与群臣商议，平原君的门客苏代向赵王献计，表示愿意冒险赴秦，以救燃眉之急。无计可施的赵王决定依计而行。

经过一番准备，苏代带着厚礼到咸阳拜见应侯范雎，开始对范雎吹耳边风："长平一战，赵括被活捉还做了刀下鬼，现在邯郸也不保了，白起军的气势很盛呀。您想一想，赵国一旦灭亡，秦王就要称帝。白将军立下了那么大的功劳，肯定会被秦王当成统一天下的头号功臣。那您到时候的处境我很担心呀！您现在的地位在他之上，恐怕将来您不得不位居其下了。再说像白起这样不好相处的人，将来一旦得宠，您的日子还能好过？所以最好不要让他再得到灭赵的功劳。"

苏代一番煽阴风、点鬼火，把范雎心里说得七上八下的，没了主意，倒向苏代求对策。苏代乘机说："赵国已很衰弱，需要好好休整，不如暂时宣谕息兵，允许赵国割地求和。"范雎果然如此去向秦王吹风了。糊涂的秦王依了此计，结果，以赵国献出 6 城而休战。

胜仗正打得过瘾的白起突然被召回，心中老大不痛快。后来知道是应侯范雎的建议，表面上无可奈何，但心里结下了冤仇。两年后，秦王又发兵攻赵，白起此时正闹病呢，不能出征了，于是改由王陵率 10 万大军前往。这时赵国已不同往日了，老将廉颇出马，严防死守，秦军久攻不下，气得秦王吹胡子瞪眼。恰巧这时白起病好了，于是秦王决定让白起挂帅出征。白起听后说："现在赵国的统帅廉颇，精通战略，不是当年乳臭未干的赵括可比了；再说，两国已经议和，现在进攻，会失信于诸侯。所以，这次我也无能为力。"秦王又派范雎去动员白起，白起便装病不搭理。看到白起如此不给面子，秦王赌气地又派王陵攻邯郸，但连攻 5 个月也没有攻下。秦王只好又令白起挂帅，白起却假装病重，拒绝出征。秦王的面子这下挂不住了，把白起赶出咸阳。这时范雎还不放心，对秦王说："白起心怀怨恨，如果让他跑到别的国家去，肯定是秦国的祸害。"秦王一听，便赐白起自刎。可惜曾为秦国当牛做马立下战功的白起，因中了挑拨计而落此下场。

当危难来临时，不能束手待毙。赵国为了自救，用苏代点燃范雎的妒忌之火，制造秦国内乱，使其文武失和。赵国隔岸观火，使自己免遭灭亡。这说明，隔岸观火不仅是一种"守"势，在适当的时机下也可化为"攻"势，敌方没有矛盾，就主动去为其制造矛盾。

笑里藏刀

原　文

信^①而安^②之，阴^③以图之；备而后动，勿使有变。刚中柔外^④也。

注　释

①信：使相信。

②安：使安，安然，此指不生疑心。

③阴：暗地里。

④刚中柔外：表面柔顺，实质强硬。

译　文

此计用现在的话说就是：表现出十分友好、充满诚意的

样子，使对手信以为真，放松警惕；实际上暗中策划、积极
准备，一有机会，立即行动，使对手来不及应变。这是外示
友好、内藏杀机的谋略。

点　评

　　"笑里藏刀"，原指表面和善而内心险恶，也就是口蜜腹
剑、两面三刀。此计在古典小说中多有记载。《旧唐书·李
义府传》中有："义府貌状温恭，与人语必嬉怡微笑，而褊忌
阴贼。既处权要，欲人附已，微忤意者，则加倾陷。故时人
言：义府笑中有刀。"《水浒传》第十九回：吴用便说道："头
领息怒，自是我等来的不是，倒坏了你山寨情分。今日王头
领以礼发付我们下山，送与盘缠，又不曾热赶将去，请头
领息怒，我等自去罢休。"林冲道："这是笑里藏刀、言轻行
浊的人！我其实今日放他不过！"唐代白居易《长庆集·不
如来饮酒》诗中也有"且灭嗔中火，手磨笑里刀"的诗句。
"笑里藏刀"用在军事上，它是一种表面温和，借以麻痹敌
人，暗中却加紧准备，等待时机，突然出动，一举歼敌的谋
略。为了创造出敌不意、攻其无备的战机，常以政治、外交
伪装来迷惑、麻痹对方。古人云："敌人言词谦逊，其实正
在积极做战争准备；没有条约前来讲和的，定然不怀好意。"
所以，凡是敌人的笑脸和花言巧语，都是使用阴谋诡计的征
兆，是胸藏杀机的表现。

唐玄宗时，不学"有"术的李林甫当上了宰相。这个宰相最擅长的就是溜须拍马、玩弄阴谋，表面还以和蔼可亲的样子示人，真正是当面喊"哥哥"、背地里摸家伙的角色。

通常，他在拍马屁前会经过精心的准备。他和宫内的宦官、妃子勾结起来，让他们负责探听唐玄宗在宫里说些什么，想些

什么。摸好底后，等到唐玄宗找他商量事时，他就如同唐玄宗肚子里的蛔虫般回答得简直跟唐玄宗想的一样。唐玄宗听了很是受用，觉得李林甫既能干，又听话。

李林甫在排挤眼中钉时是不遗余力的。当时有个与李林甫同任宰相的人叫张九龄，他是有真才实干的清官。李林甫表面对他很恭敬，心里却嫉妒得要死，生怕自己因为他而失宠，所以整天想着法子排挤张九龄。

可惜张九龄没有看清李林甫的真面目。公元736年，玄宗欲加封牛仙客。张九龄认为牛仙客不过是一个庸人，不应

加封，竟约李林甫一起到玄宗面前力争，这不是带着炸药包出动吗？李林甫嘴里表示同意，见了皇帝后却当起了哑巴，让张九龄在那自说自话，弄得玄宗很不愉快。回去后李林甫私下又把这事告诉了牛仙客本人。玄宗仍想加封牛仙客，张九龄的反对让皇帝进退两难，这时，李林甫的一句话给他吃了定心丸："天子用人，何有不可？张九龄不过是一个文官，拘泥古义，不识大体。"于是，被吹了迷魂风的玄宗自此疏远了张九龄，后又怀疑张九龄结党营私，不久，罢免了他的宰相职务。

在李林甫挂职宰相的生涯中，越是正直有才能的大臣越容易受到他的排斥。当时，有一个叫严挺之的官员，本来已经被李林甫排挤在外地当刺史了。后来，唐玄宗不知哪根筋活动想起了他，跟李林甫说："严挺之还在吗？这个人很有才能，还可以用呢。"李林甫说："既然陛下想念他，我去打听一下。"

李林甫这边刚答应完，那边马上黄鼠狼给鸡拜年去了。李林甫把严挺之的弟弟找来，说："你哥哥不是很想回京城见皇上吗？我倒有一个办法可以帮他。"严挺之的弟弟见李林甫这样关心他哥哥，还一边感激一边请教该怎么办。李林甫说："叫你哥哥上一道奏章，就说他得了病，请求回京城来看病。"

严挺之接到他弟弟的信，果真傻呵呵地上了一道奏章，请求回京城看病。李林甫就拿着奏章去见唐玄宗，说："真是太可惜了，严挺之现在得了重病，不能干大事了。"唐玄宗惋惜地叹了口气，这事也就不了了之了。

李林甫口蜜腹剑，暗箭伤人，以达到自己不可告人的目的。俗话说得好："害人之心不可有，防人之心不可无。"这防人之心的重要一条，就是要善于提防来自暗处的冷箭。

李代桃僵

势必有损，损阴①以益阳②。

注 释

①阴：此指某些细微的、局部的事物。

②阳：此指整体意义上的、全局性的事物。

译 文

当战局发展必然会有所损失时，就要以局部利益的损失来保全大局的利益。这和人们所说的丢卒保车、丢车保帅的道理很相似。

这是说在军事谋略上，如果暂时要以某种损失、失利为代价才能最终取胜，指挥者应当机立断，以某些局部或暂时的牺牲，去保全或者争取全局的、整体性的胜利。这是运用我国古代阴阳学说的阴阳相生相克、相互转化的道理而制定的军事谋略。

点　评

李代桃僵原意是指李树代替桃树受虫蛀，用来比喻兄弟间的友爱互助；后泛指相互替代、代人受过等行为。

两军对垒时，政治舞台上，商业竞争中，想绝对地得益往往不现实，很多时候需付出一定代价。此时的原则应是"两利相权取其重，两害相权取其轻"，顾大局，看长远，保大利。

此计中"李"指做出牺牲的一方，"桃"指受保全方。"桃""李"必能相互替代，而"桃"比"李"更具重要性。

事　例

解放战争时期，我军中原突围战役时，著名战将皮定均率领的中原军区第1纵队第1旅打了一场掩护主力部队突围的"李代桃僵"之战。

1946年6月下旬，国民党军对我中原军区大举围攻，企图将我中原军区部队消灭在以湖北省宣化店为中心、方圆不足几十公里的狭小地区内。遵照中共中央、中央军委的命令，按预定方案，中原军区部队主力于1946年6月26日向西突围，由皮定均率领的第1旅原地阻击敌人，保障主力部队的侧后安全，同时吸引和钳制敌人，掩护中原军区部队主力向西突围。这实际上是一个"李代桃僵"的作战方案。

战斗打响后，敌军兵分 3 路，在我第 1 旅的正东、东南和东北方向，气势汹汹地扑来。其中敌整编第 48 师由正东方向的商城、固始、立煌（今金寨）一线，进攻第 1 旅扼守的余集阵地；敌整编第 72 师从小界岭由东南向第 1 旅扼守的沙窝阵地发起进攻。面对强敌的多路进攻，第 1 旅官兵沉着应战，英勇阻击，顽强抵抗，使敌人每前进一步都要付出重大代价。与此同时，旅党委根据当时的敌情、道路、作战方案及整个战役的发展各个方面的情况，认真讨论了完成掩护任务后自身突围的方案。

中原军区主力冲出包围圈后，第 1 旅选择什么方向突围，这不仅要考虑本旅的安全，更重要的还应考虑能否积极地调动敌人，分散敌人兵力，减少主力西进的压力。为实现这一目的，旅党委再三权衡向各个方向突围的可能性和利弊。

如果尾随中原军区主力西进，不但不能分散敌人，相反势必把追堵之敌也吸引到西边，这对主力的行动是极为不利的。如果向南突围，前有长江天堑，又临近武汉，敌人有重兵把守江防，在当时的条件下，以一个旅的兵力突破敌人的江防封锁，渡江南下，成功的可能性极小，即使过了江也难以立足。如果向西北突围回豫西根据地，其方向与主力突围的方向基本是相同的，容易暴露中原军区部队总的突围意图，于全局不利。而从正北或东北方向突围，都要经过黄淮平原，河流纵横交错，且正值雨季，水深流急，要连续渡河则是个严重问题，敌军随时可以利用河流阻隔实行堵截。

从全局利益上讲，向东突围与主力背道而驰，能继续牵制敌人，减轻主力西进的压力，是很理想的突围方向。但向东也存在许多危险因素。一是敌人对中原军区部队向东转移早已实行了重点防范。二是在淮河与长江中间有个巢湖，向东突围，要么走长江与巢湖之间的狭窄地带，要么走淮河与巢湖之间的狭窄地带。如果敌军把这两条狭窄地带封锁起来，突围部队就会陷入进退两难的境地。三是东面山高路险，障碍重重。但是，如果出奇兵东去，则可以将许多不利因素作为有利因素：可利用敌人自以为东面是他们重点防守地区、"共军"不敢贸然向东突围的错误心理和思维判断的"死角"，出其不意，挥师东进，有可能从最大的危险中突出重围。如果把东进所要经过的高山峻岭变为突围隐蔽行动的屏障，在这个屏障的掩护下加强侦察，就能够钻敌人的空子，同敌人打攻防作战上的时间差和空间差。同时，还可以充分发挥自己在山地作战的特长。

通过讨论，旅党委选择了最佳突围方案：利用大别山地形复杂、便于机动的特点，掩护主力西去，然后向东突围，隐蔽地跳出重围。

决心确定后，全旅官兵以机动灵活的战略战术和大无畏的英雄气概，在掩护军区主力西进转移后，先向西，后向东，孤军东征，突破国民党军的封锁包围和堵击，跨越大别山，驰骋皖中平原，辗转 24 个昼夜，行程 750 余公里，进行大小战斗 23 次，歼敌上千人，以"还是一个旅，五千人"的建制，胜利到达苏皖解放区，圆满完成了掩护中原军区主力向西突围的艰巨任务。

在军事斗争中，当局势发展到必须有所损失时，要舍得局部利益的损失，要以换取全局的优势为重。只有掌握了全局的优势，才能获取最后的胜利。

顺手牵羊

原 文

微隙①在所必乘，微利在所必得。少阴，少阳②。

注 释

①微隙：微小的空隙，指敌方的某些漏洞、疏忽。

②少阴，此句意为我方要善于捕捉时机，伺隙捣虚，将敌方小的疏漏转化为我方小的胜利。少阳：少阴，此指敌方小的疏漏。少阳，指我方小的得利。

译文

这段话的意思是说：当敌方出现了微小差错，要及时利用；战场上出现了取得微小胜利的机会，要力争获取。要随时注意敌方小的疏忽，转化为我方小的胜利。简而言之，就是要抓住一切有利的机会来扩大战果，发展胜利。

点评

此计原出《草庐经略·游兵》，文中说："伺敌之隙，乘间取利。"《登坛必究·叙战》中云："见利宜疾，未利则止。取利乘时，间不容息。先之一刻则大过，后之一刻则失时也。"其他如《李卫公问对·卷中》也有"伺机捣虚"之说。"顺手牵羊"本比喻乘便拿走别人的东西。作为计策，即发现敌方有漏洞就及时利用，从中获取利益。犹如顺便把别人的羊牵走一样，收获虽然不大，但"得来全不费工夫"。在军事上，它是一个伺隙捣虚，捕捉战机的谋略，其实质在于乘"隙"取"利"。古人有云："善战者，见利不失，遇时不疑。"所以，用

兵作战，要像《鬼谷子·谋篇》中所说的"察其天地，伺其空隙"。

原解中所谓"微隙"，一般是指敌方突然暴露出的弱点；"微利"，多是尚未考虑到的对我方有利的积极因素，它有着来之顺路、夺之顺手、赢之顺时的特点，指挥员可以审时度势，灵活处理。但值得注意的是：到底是不是"微利"，应该辨明真伪；属不属"必得"，亦应从全局考虑。千万不可轻率从事，见"利"忘"本"，不顾后果，一心"必得"，以免因小失大，落得个"赔了夫人又折兵"的可悲结局。

"顺手牵羊"，多指以小股兵力，钻进敌人心脏地带，神出鬼没地予以打击，得心应手地获取胜利。

事　例

北宋建立以后，依旧是"卧榻之侧，皆他人家"的局面。在其南面，尚有南平、武平、后蜀、南唐、吴越等割据政权；在其北面，还有辽和北汉政权。为了统一天下，赵匡胤决定采取先易后难、先南后北的战略方针，首先将兵锋对准荆湖地区的南平和武平割据势力。

南平是后梁时高季兴所建立的割据政权，定都江陵，拥有荆、归、峡三州之地。武平原为唐末武安节度使马殷在湖南建立的割据政权。建隆三年（962年）九月，武平节度使周行逢病死，其11岁的儿子周保权继位。衡州刺史张文表不服，发动兵变，然后率部伪装成奔丧的样子，直奔朗州（今湖南常德）。在武平发生内乱的时候，南平也发生了变故。周保权得知张文表起兵反叛，一面派兵前去平叛，一面遣使向宋廷求援。赵匡胤正在计议吞并荆湖，苦于没有充足的理由，这下一见周保权上门求援，不禁大喜过望，于是决定采用顺手牵羊之计，"出师湖南，假道荆渚"，一箭双雕，以借道为名灭南平，以救援为由灭武平。

赵匡胤任命慕容延钊为湖南道行营都总署，李处耘为都监，率领大军南下。乾德元年（963年）正月初七，宋军开始行动。当宋军尚未进入湖南时，张文表的反叛已被平定，但宋军依旧按原计划南下。李处耘率兵到襄州（今湖北襄阳）后，即派人到荆南借路。高继冲不仅答应了宋军的要求，还派他的叔父高保寅去慰劳宋军。

二月初九，带着大量慰问品的高保寅来到荆门，同宋军相遇。李处耘热情接待了他们，并挽留他们在军营中过夜。当晚，慕蓉延钊大摆宴席，为高保寅接风洗尘。在开怀畅饮的同时，李处耘已暗中率数千骑直扑江陵。高继冲听说宋军已至，只好出城迎接。李处耘令他在城外等候慕容延钊大军，自己则率兵进入城中，迅速占领城内要地。高继冲见大势已去，只得率军投降。

宋兵占领荆南后，马不停蹄地向湖南进发。周保权一见宋军来意不善，立即派兵抵抗。赵匡胤遣使劝降："我们应你们的请求，才发大军相助。如今你们出尔反尔，抗拒王师，是何道理？希望诸位明形势，识时务，不要螳臂挡车，自取灭亡，并连累百姓遭殃！"可是，宋廷的劝降遭到了周保权的拒绝。宋军一见劝降不成，便决定使用武力。

慕容延钊分兵两路，水陆并进，水军东趋岳州（今湖南岳阳）；陆军则出澧州（今湖南澧县），直指朗州。宋水军从江陵沿长江顺流而下，二月底在岳阳北的三江口大败武平军，缴获战船700余艘，歼敌4000余人，接着占领岳阳。陆路由李处耘率部先行，慕容延钊率大军继后。三月初进抵澧州南，同周保权大将张从富遭遇。两军尚未交锋，张从富部便望风而溃。宋军尾随追击，直入朗州城。周保权只剩下孤家寡人，乖乖地当了俘虏。武平割据政权就这样灭亡了。

荆湖地区"南通长沙，东踞建康，西迫巴蜀"，具有重要的战略地位。赵匡胤巧用顺手牵羊之计，首战告捷，没费多大力气便平定荆湖，为后来入川灭蜀、进军岭南和消灭南唐割据政权创造了极为有利的条件。

宋太祖赵匡胤平定荆湖，可称作是顺手牵羊的典型战例。自古都讲究"师出有名"，赵匡胤抓住武平节度使向其求援的机会，先以借道为名不用流血就占领了南平，然后又以救援为由灭了武平。如果说武平节度使的求援是"绳"，那么南平和武平就是绳上的两只"羊"，宋军轻松达到了一绳牵两羊的目的。

攻战计

打草惊蛇

原文

疑以叩①实，察而后动；复者②，阴之媒也③。

注释

①叩：问，查究。意为发现了疑点就应当考实查究清楚。

②复者：反复去做，即反复去叩实而后动。

③阴：此指某些隐藏着的、暂时尚不明显或未暴露的事物、情况。媒：媒介。"复者，阴之媒也"，意即反复叩实查究，而后采取相应的行动，实际是发现隐藏之敌的重要手段。

译文

此计用现在的话说就是：有怀疑就要侦察核实，待情况了解清楚后再行动。用一个试探性的佯动，可以引诱敌人暴露出隐蔽很深的阴谋。有经验的军人都知道，在战场上，有在炮声隆隆中面对面的厮杀，也有看不到的敌人在寂静之处隐藏着杀机。所以行兵者需先知虚实，使其中我埋伏，而后聚而歼之。

点 评

此计语出段成式的《酉阳杂俎》：南唐当涂（今安徽省怀远县东南）县令王鲁，贪赃枉法，搜刮民财。一天，百姓联名投状告发其主簿贪污受贿。王鲁见了状子十分惊恐，害怕自己的贪污行径也被揭露，竟然不由自主地在状子上批了八个字："汝虽打草，吾已惊蛇"。后来人们把它简化为"打草惊蛇"。这个成语，原意是打击甲，却惊动了乙。比喻做事不密，反而引起对手警惕。"打草惊蛇"用在军事上是发现暗藏敌人的一种谋略。例如用火力侦察，发动佯攻，迫使敌方暴露兵力部署与阵地设置等目标，藉以达成察明敌情并击败敌人之目的。从计的原来解语看，有"观彼动静而后举"的意思，计名颇为牵强。

事 例

战国时代有一个名叫中山国的小国家。中山王有两个宠妃：江姬和阴姬，中山王一直拿不定主意，究竟立哪一位王妃为后比较好？中山王身边有位足智多谋的大臣，名叫司马熹。司马熹早已看出，两位王妃为了争夺后座而明争暗斗。司马熹暗自打定主意，准备趁机大捞一笔。于是，司马熹私底下悄悄对阴姬的父亲说："你女儿想要当王后绝对不能大意。当上了王后，有权有势；当不上，恐怕连性命都难保呢！你女儿要想事情成功，我倒是可以帮上忙的。"

阴姬的父亲一听，大喜过望，连忙送上一大笔钱。钱到手后，司马熹决定用打草惊蛇之计，促使中山王早下决心立阴姬为后。第二天，他就去见中山王说："大王，我有一个强国的计划。"中山王很感兴趣地问："哦？有什么计划你说说看！"司马熹说："请让我出使赵国，暗地侦察赵国的险要地方，了解他们的军力和民情，作为对付赵国、壮大我国的参考。"中山王欣然同意了。

司马熹带着大批的随从和厚礼，来到了赵国。能言善道的司马熹，很快就和赵王谈得十分投机。赵王为了款待司马熹，召来了大批宫女表演歌舞。司马熹看了看左右的宫女，故意深叹一口气说："唉！贵国的美女虽然多，却没有一个比得上阴姬的姿色！""哦？阴姬是谁呀？"赵王很感兴趣地问。司马熹说："阴姬是中山王的妃子啊！"赵王不知自己正一步一步踏进司马熹的圈套，还兴奋地说："要是真的很美，我倒想见识一下！"

司马熹知道赵王已经对阴姬动了贪念，故作害怕地说："哎呀！大王，不可当真啊！这事要是传出去，我的性命可就不保了！"说完，随即转移话题。

回国后，司马熹用夸张的口气对中山王说："赵国果然是强大的国家，只不过赵王贪好美色，他听说阴姬贤淑美丽，有意要大王献上……"中山王一听不禁火冒三丈。破口大骂。"大王冷静些！我们的兵力不如赵国……"看看中山王的脸色，司马熹低声建议，"大王，我们何不献出阴姬，免去一场兵祸呢？"这话简直是火上浇油！中山王听后更是怒不可遏。

于是司马熹小心翼翼地赔着笑脸说："大王息怒！我有一个妙计，既可以免去兵祸，又可以断了赵王的贪念。"中山王没好气地说："什么妙计快说吧！"司马熹说："现在除了封阴姬为后外，没有其他更好的办法了！"司马熹接着说："这样一来，赵王不得不死心，因为强抢别国的王后，他就有可能会遭受其他诸侯国的讨伐！"中山王一听有道理，立刻命令司马熹起草封后的诏书。有王后这张牌，司马熹的官途从此更是一帆风顺。

司马熹用的计策，就叫打草惊蛇。打草的"棒子"是赵王的贪色，中山王隐而不发的立后主意，再也藏不住了，赶忙立阴姬为后。

借尸还魂

有用者，不可借[1]；不能用者，求借[2]。借不能用者而用之，匪我求童蒙，童蒙求我。[3]

[1]有用者，不可借：意为世间许多看上去很有用处的东西，往往不容易去驾驭为己所用。

[2]不能用者，求借：此句意与上句相对言之。即有些看上去无甚用途的东西，往往有时还可以借助它使其为己发挥作用。犹如我欲"还魂"还必得借助看似无用的"尸体"的道理。此言兵法，是说兵家要善于抓住一切机会，甚至是看上去无甚用处的东西，努力争取主动，壮大自己，及时采取行动，变不利为有利，乃至转败为胜。

[3]匪我求童蒙，童蒙求我：语出《易经·蒙》卦。蒙，卦名。本卦是异卦相叠（下坎上艮）。本卦上卦为艮为山，下卦为坎为水为险。山下有险，草木丛生，故说"蒙"。这是蒙卦卦象。这里"童蒙"是指幼稚无知、求师教诲的儿童。此句意为不是我求助于愚昧之人，而是愚昧之人有求于我了。

译 文

这段话听起来很玄妙精深，通俗地讲，它的意思是说：在战场上，对双方都有用的难以驾驭和控制，不可加以利用；凡没有作为的，往往要依附求助于他人。利用那些没有作为的并顺势控制它，从而达到不是我受别人支配，而是我指使、支配别人的目的。

点 评

"借尸还魂"，语出《元曲选·岳伯川〈铁拐李〉四》："多亏了吕洞宾师父救了我，着我还魂，被你烧了我的尸骸，着我借东关里青眼老李屠的儿子小李屠的尸首，借尸还魂。"《元曲选·碧桃花》第三折也有"（真人云）谁想有这一场奇怪的事，那徐碧桃已着她'借尸还魂'去了"的语句。"借尸还魂"，比喻已经消亡或没落的思想、行为、势力等假托别的名义，以另一种形式重新出现。

事 例

秦灭六国后，楚人对秦的怨恨最深，反抗最烈。所以当时即有人预言："别小瞧了楚国，只要还剩下几个喘气的，那么最后消灭秦国的必是楚国。"果然，后来首先举起义旗的是以陈胜、吴广为首的农民军，他们中的大多数人原为楚国人。他们建立的农民政权，即号为"张楚"。响应陈胜、吴广而继起的是楚人项梁、项羽叔侄，杀了会稽（今江苏省苏州市）郡

62

守殷通，举兵反秦。

当时有广陵人召平过江来找项氏叔侄，并假传张楚王陈胜的命令，拜项梁为张楚政权的上柱国（相当于丞相之位），要他领兵过长江参战。于是项梁、项羽便率领江东精兵8000西渡长江，转战于

江淮之间，屡战屡胜。接着他们又先后收编了陈婴、黥布、蒲将军等多路起义军，部队迅速发展到六七万人。

公元前209年（秦二世元年），当项梁、项羽部队进驻薛城（今山东省南部）不久，突然传来陈胜在陈县（今河南淮阳）被秦将章邯打败、为车夫庄贾所杀的消息。项梁听说后，便召集部属商议应变之策。当时有些部将、谋士极力怂恿项梁自立为楚王，项梁一时拿不定主意。恰在这时，从居鄛（今安徽省巢县）来了一位70岁的老人求见。老人姓范名增，很有些知识和见解，常能给人出些奇特的计谋。项梁当即召见了范增，范增说："依我看，陈胜的失败是必然的。陈胜不是出身名门大族，声望不高，又无大的才干，虽首先起义抗秦，但骤然据地称王，而不立楚国王室的后裔为王，显然并不明智。上柱国如能顺应民心，扶植楚王的后裔，楚地百姓自然会闻风而至，聚集于你的麾下，天下便一举可定

了。"项梁很高兴地采纳了范增的建议，派人四处寻访楚国王室的后裔。

事有凑巧，他们正好在民间寻访到一个名叫熊心的牧童，查问起来，确实是90年前客死于秦的楚怀王的孙子。于是项梁立即将牧童迎来奉为楚怀王，定盱眙为国都，项梁则自称武信君。之后，楚项部众迅速扩大到数十万。公元前208年，项梁战死。公元前207年，项羽在巨鹿以破釜沉舟的决心与胆识，击溃秦军主力章邯军40万，与刘邦等部共同推翻了秦王朝的暴虐统治。灭秦之后，项羽自称西楚霸王，而依范增借尸还魂之计借来的楚怀王熊心这具政治僵尸，由于已无再利用的价值，便被项羽改号义帝流放异地。

一个小小牧童在常人眼里是"不可借"，而对于想改朝换代的项梁来说，其"正宗皇室血统"却是他们的可借之处，这正是他们最需要的。借助这一点，他们顺应了民心，壮大了势力，所以能顺利地灭秦。

调虎离山

待天以困之^①，用人以诱之^②，往蹇来反^③。

64

注释

①待天以困之：此句意为战场上我方要等到客观的条件或情况对敌方不利时，再去围困他。天，指自然的各种条件或情况。

②用人以诱之：用人为的假象去诱惑他（指敌人），使他就范。

③往蹇来反：语出《易经·蹇》卦。蹇，卦名。本卦为异卦相叠（艮下坎上）。上卦为坎为水，下卦为艮为山。山上有水流，山石多险，水流曲折，言行道之不容易，这是本卦的卦象，意指困难。这句意为：前进会遇到危险；使对方前来则于我有利。

译文

等待客观条件对敌方不利时再去围困他，用人为的因素去诱惑调动他，让他丧失优势，由主动变为被动。向前进攻有危险时，就想办法让敌人反过来攻我。这一计核心正是调虎离山，把"虎"调开，使敌人部署出现空当，乘虚攻占他的要地。此计运用这个道理，是说战场上若遇强敌，要用假象使敌人离开驻地，诱他就范，使他丧失优势，使他处处皆难，寸步难行，由主动变为被动，而我则出其不意获取胜利。

"调虎离山"，意思是说设法引诱老虎离开原来的山头，使之无所凭依，难施雄威，以利捕获。比喻用计使对方离开原来的地方，以便趁机行事。运用于军事，它是引诱敌人离开原来有利的基地，迫使其在不利的条件下作战，以便加以消灭的一种计谋，同"纵虎归山"之意正好相反。计中的"虎"指强敌，"山"一般比喻好的地理条件。强敌又得地利，就如虎添翼。反之，如俗话说："龙游浅水遭虾戏，虎落平阳被犬欺。"又如，"占山为王""强龙压不倒地头蛇"。这就是占据有利地势逞强称霸。面对这种情况，"只可智取，不可力敌"，必须使用"调"的办法，诱使其离开有利地势，选择有利时机，才能战而胜之，达到歼灭或赶走的目的。

事 例

范旭东出生于19世纪晚期，那时像他一样有远见的企业家还非常少。他靠贩卖私盐起家，后来从事盐业生产，从老百姓的餐桌上赚了许多银子。第一次世界大战爆发后，"洋碱"向中国的输入大幅度减少，中国的碱市场出现供应稀缺的状况。机会难得，在范旭东先生的极力倡导下，中国第一家制碱工厂永利制碱公司于1918年宣告成立。

永利制碱公司的成立，引起了英国卜内门公司的极大不快。卜内门公司驻华经理对范先生说："碱在中国的确非常重要，只可惜先生办得早了些，就条件上说，再晚 30 年不迟。"范先生立刻反驳道："我还恨不得能早办 30 年呢！事在人为，今日急起直追还不算晚。"

英国卜内门公司当然不希望多出个竞争对手，长期以来他们一直垄断着中国碱市场，第一次世界大战后，它又卷土重来。见到中国自己的制碱企业成立了，便恼羞成怒地向永利制碱公司发起猛烈进攻。卜内门公司不甘心与永利制碱公司共享市场，便又调来一大批纯碱，以低于原价 40% 的价格在中国市场倾销，企图以此挤垮永利制碱公司。

面对卜内门公司的屡屡侵犯，永利制碱公司老板范旭东决心还击。永利公司与卜内门公司实力相差悬殊，无法正面与其抗衡。如果永利公司也降价销售产品，用不了多久，实力就会损失殆尽；如果不降价，产品卖不出去，资金无法收回，再生产无法进行，用不了多久，永利公司照样破产。如何是好呢？

范旭东先生苦思冥想。某日，他在书房踱步，瞧见了自己年轻时因参加"戊戌变法"失败而逃亡日本时的相片，触景生情，受到启发：现在，为什么就不能暂避卜内门公司的锋芒而去日本发展呢？公司的创立，不就是钻了卜内门公司无暇顾及的空隙吗？范先生决定东渡日本，替永利制碱公司谋求生存和发展。他立即着手市场调查分析及计划实施："日本是卜内门公司在远东的最大市场，说成是他们的老巢也不为过。战争刚刚结束，卜内门公司碱产量有限，能运到远东

来的数量就不会太多。卜内门公司现在在中国市场倾销这么多碱，运到日本的数量肯定不多，日本碱市场肯定缺货。我何不来个'调虎离山'之计，乘虚打入日本市场呢？等他回顾日本市场时，我公司再猛击中国市场，令他穷于应付，首尾难顾。"

永利制碱公司的纯碱，虽然在日本的销量只及卜内门公司的 1/10，但是却如一支从天而降的轻骑兵，向卜内门公司在日本的碱市场发起突袭。

卜内门公司为了保住日本的大市场，迫不得已停止在中国碱市场进攻永利制碱公司，主动要求谈判，并希望永利制碱公司在日本停止挑战行动。范旭东先生理直气壮地说："停战可以，但得有个说法，卜内门公司今后在中国市场变动碱价，必须事先征得永利公司的同意。"卜内门公司别无选择，只好同意了。

在现代经商活动中，当自己和对手共同争夺一块市场时，如果用协商的方法不能解决，就可以考虑攻击对手的另外一个市场，以分散对手和自己竞争的精力，使其首尾难以兼顾，迫使对手做出让步，以达到自己的目的。上例谈判的成功，就是范旭东先生运用"调虎离山"计的结果，最终使英国卜内门公司做出让步。范先生为中国人争了口气，同时又促进了中国民族工业的发展。

欲擒故纵

原文

逼则反兵，走①则减势。紧随勿迫，累其气力，消其斗志，散而后擒，兵不血刃②。需，有孚，光③。

注释

①走：跑。逼迫敌人太紧，他可能因此拼死反扑，若让他逃跑则可减削他的气势。

②血刃：血染刀刃。此句意为兵器上不沾血。

③需，有孚，光：语出《易经·需》卦。需，卦名，此处有等待之意。本卦为异卦相叠（乾下坎上）。需的下卦为乾为天，上卦为坎为水，是降雨在即之象。此卦也象征着一种危险存在着（因为"坎"有险义），必得去突破它，但突破危险又要善于等待。《易经·需卦》卦辞："需，有孚，光亨。"孚，诚心。光，通"广"。句意为：要善于等待，要有

诚心（包括耐心），就会大吉大利。

 译 文

逼得敌人无路可走，他就会竭力反扑；故意放他一条后路，反而会削弱敌人的气势。追击时，跟踪敌人不要过于逼迫，以消耗他的体力、瓦解他的斗志，待敌人士气沮丧、溃不成军，再去围捕，可以避免流血。按照《易经·需》卦的原理，待敌人心理完全失败而信服我时，就能赢得光明的战争结局。

点 评

"欲擒故纵"，意思是为了要捉住它，故意先放开它，使其戒备松懈。比喻为了更好地控制，有意放松一步。此计原出《老子本义·上篇》："将欲夺之，必固与之。"《太平天国·文书》中也有"欲擒先纵，欲急姑缓，待其懈而击之，无不胜者"的论述。这是"以迂为直，以患为利"，"放长线，钓大鱼"，通过迂回曲折的途径，化不利为有利，达到克敌制胜的目的。在军事上是一种暂时"让步"、待机"索取"的谋略。

《孙子·军争篇》中说："军争之难者，以迂为直，以患为利"，"故迂其途，而诱之以利，后人发，先人至。"并说："先知迂直之计者胜。"迂直之计，曲中有直，直中有曲，包含辩证法的真谛，一向为历代兵家重视。

汉献帝初平四年，割据兖州的曹操派泰山太守应召，到琅琊去接他的父亲曹嵩和家人到兖州。途经徐州时，徐州牧陶谦派都尉张护送曹嵩一行。不曾想张护居然杀死曹嵩及其家人，席卷财物而去。于是曹操就把账记在陶谦身上，以为父报仇为名，发兵攻打徐州。

陶谦面对兵临徐州城下的曹操大军，自知难以抵敌，就急忙请北海相孔融、青州刺史田楷前来相救。孔融请刘备同去救陶谦，于是刘备带领关羽、张飞、赵云和数千人马奔赴徐州。

刘备率军在徐州城下初战告捷，使久被曹军围困的徐州暂时缓解了危机。陶谦将刘备迎入城内，盛宴款待，并主动提出将徐州让给刘备，但刘备只是推辞，不肯接受。刘备写信给曹操，希望曹操以国家大义为重，撤走围困徐州之兵。恰好这时吕布攻破兖州，进占濮阳，威胁曹操后方，因而曹操便顺水推舟，卖个人情，接受了刘备的建议，退兵而去。

陶谦见曹军撤走，徐州转危为安，便让人请刘备、孔融、田楷等入城聚会，庆祝解围。陶谦再向刘备让徐州，刘备仍旧是推辞不受。不久，陶谦染病，日渐沉重，便派人以商议军务为名，把刘备从小沛请来徐州。陶谦躺在病榻上对刘备说："今番请您前来，不为别事，只因老夫病已垂危，朝夕难保；万望您以汉家城池为重，接受徐州牌印，老夫死亦瞑目矣！"刘备还是辞让，陶谦便以手指心而死。陶谦死后，徐州军民极力表示拥戴刘备执掌州权，关羽、张飞也再三相劝。至此，刘备才同意接受徐州大权，担任徐州牧。

刘备"三辞徐州"，一方面体现了刘备为博取仁义忠厚之名，收买民心的良苦用心；一方面当是出于刘备对当时情势的清醒认识。当时的徐州正处于四战之地，野心勃勃的曹操正虎视眈眈、兵锋相向，自不待言。此外，邻近的军阀如袁术、吕布、袁绍之辈都在觊觎着具有重要战略意义的徐州，怀有兼并野心。这些都是潜在的危险。由此可见，当时的徐州并不是一颗好吃的果子，弄不好就会有惹火烧身的危险。即使徐州牧陶谦真心相让，其部下能否心悦诚服？这些都是很现实、很严重、很迫切的问题，不容刘备不顾虑！实际情形确实如此。历史上刘备领有徐州不久，即先后受到曹操、吕布、袁术的进攻，陶谦部下曹豹也反叛刘备而助吕布，以致刘备在徐州难以立足，最终被逐出徐州。

当然，具有重要战略地位的徐州，对于刘备来说，毕竟具有巨大的诱惑力。因而陶谦一死，在外有北海相孔融的支持、内有糜竺及徐州军民的广泛拥戴的情况下，刘备便不失时机地同意接替陶谦任徐州牧，将徐州据为己有。诱惑终于战胜了顾虑。

老谋深算的刘备三让涂州，其实是摆个姿态，做做样子，几次谦让博得好名声之后，再将涂州据为己有。此时，人心所向，天下谁敢说半个不字？

抛砖引玉

原　文

　　类以诱之①，击蒙也②。

注　释

　　①类以诱之：出示某种
类似的东西去诱惑他。
　　②击蒙也：语
出《易经·蒙》卦。
击，撞击，打击。
句意为：诱惑敌人，
便可打击这种受我诱惑
的愚蒙之人了。

译　文

　　用极类似的东西去迷惑敌人，从而达到打击敌人的
目的。

点　评

　　钓鱼须用饵，"引玉"当"抛砖"。"利而诱之"是孙子

根据前人作战经验提出的。对此《百战奇略·利战》中作了具体阐述："凡与敌战，其将愚而不知变，可诱之以利。彼贪利，而不知害，可设伏兵以击之，其军可败。法曰：'利而诱之。'"意思是对愚蠢的敌将，可以先作小利引诱，让他尝点"甜头"，才能够使其上钩吃"大苦头"。

事 例

公元前 700 年，楚国用"抛砖引玉"的策略，轻取绞城。

这一年，楚国发兵攻打绞国（今湖北郧县西北），大军行动迅速。楚军兵临城下，气势旺盛，绞国自知出城迎战凶多吉少，决定坚守城池。绞城地势险要，易守难攻，楚军多次进攻，均被击退，两军相持一个多月。楚国大夫莫傲屈瑕仔细分析了敌我双方的情况，认为绞城只可智取，不可力克。他向楚王献上一条"以鱼饵钓大鱼"的计谋。他说："攻城不下，不如利而诱之。"楚王向他问诱敌之法，屈瑕建议：趁绞城被围月余，城中缺少烧柴之时，派些士兵装扮成樵夫上山打柴运回来，敌军一定会出城劫夺柴草。头几天，让他们先得一些小利。等他们麻痹大意、大批士兵出城劫夺柴草之时，先设伏兵断其后路，然后聚而歼之，乘势夺城。楚王担心绞国不会轻易上当，屈瑕说："大王放心，绞侯性情轻躁，轻躁则少谋略。有这样香甜的钓饵，不愁他不上钩。"

楚王于是依计而行，命一些士兵装扮成樵夫上山打柴。绞侯听探子报告有挑夫进山的情况，忙问这些樵夫有无楚军保护。探子说，他们三三两两进出，并无兵士跟随。绞侯马上布置人马，待"樵夫"背着柴火出山之机，突然袭击，果然顺利得手，抓了30多个"樵夫"，夺得不少柴草。一连几天，果然收获不小。见有利可图，绞国士兵出城劫夺柴草的越来越多。楚王见敌人已经吞下钓饵，便决定迅速逮大鱼。第六天，绞国士兵仍像前几天一样出城劫掠，"樵夫"们见绞军又来劫掠，吓得没命地奔逃。绞国士兵紧紧追赶，不知不觉被引入楚军的埋伏圈内。只见伏兵四起，杀声震天，绞国士兵哪里抵挡得住，慌忙败退，又遇伏兵断了归路，死伤无数。楚王此时趁机攻城，绞侯自知中计，已无力抵抗，只得请降。

楚军以柴草这样的小利图胜战的大谋，这块"砖"丢得很值。而且抛的手法也很讲究，就像用食物引诱猛兽一般，一步步地后退，引其放下戒备，进入自己的包围圈。

擒贼擒王

摧其坚，夺其魁，以解其体。龙战于野，其道穷也[①]。

注 释

①龙战于野，其道穷也：语出《易经.坤》卦。坤，卦名。本卦是同卦相叠（坤下坤上），为纯阴之卦。

译 文

"摧其坚"，是指打敌军主力；"夺其魁"，是指抓住或消灭首领、指挥部。这样一来，就可以"解其体"，瓦解敌军的整体力量。敌人一旦失去指挥，就好比龙出大海到陆地上作战，从而面临绝境一样。

"龙战于野，其道穷也。"是说即使强龙争斗在田野大地之上，也是走入了困顿的绝境。比喻战斗中擒贼先擒王谋略的威力。

点 评

此计语出唐代诗人杜甫诗《前出塞》："挽弓当挽强，用箭当用长。射人先射马，擒贼先擒王。""擒贼擒王"，比喻做事要抓住关键。在日常工作或生活中常见运用。《红楼梦》第五十五回，凤姐道："如今俗话说，擒贼必先擒王。他（指探春）如今要做法开端，一定是先拿我开端。"用于军事，则是"打蛇先打头"，使之主力崩溃、彻底失败的一种计谋。

"擒贼擒王"的"王"，古代是指敌军的主帅、首领。在古代作战，两军对垒，白刃相见，敌人主帅通常就在"帅"

字旗下。但在某些情况下，其主帅也有隐蔽起来不易发现的。因此，必须先使其主帅暴露而后再去擒获。

事　例

要说中国古代历史上最悲壮和最惨烈的战役，唐朝安史之乱中的"睢阳保卫战"是其一。其间，睢阳城守将张巡的大智大勇更是被传为佳话。

公元 757 年正月，得志一时、气焰嚣张的安禄山命勇将尹子奇为河南节度使，率 10 多万大军向河南进逼。一路上河南城镇纷纷被叛军拿下，只剩下军事重镇睢阳城在那硬撑。睢阳太守许远向张巡求援。张巡考虑到敌强我弱，加上宁陵城很小，难以抵抗强敌，所以率精兵 3000 人从宁陵进入睢阳，与许远合兵共 7000 余人。许远因张巡智勇兼备，所以将作战指挥交张巡负责，自己担负调运军粮、修理战具等后勤保障工作。

尹子奇仗着自己人多，每天卖命地进攻睢阳。张巡率领的将士也不是吃素的，毫不畏惧地击退敌军。有时是加班加点地昼夜苦战，创下了一天之内打退叛军 20 余次进攻的纪录，这令守军士气倍增，歼敌不计其数。

5 月份，尹子奇开始了更玩命的进攻。张巡见敌军来势汹汹，决定据城固守，敌兵一次又一次的猛烈进攻都被打了回去。但是，张巡想，敌众我寡，总是这样下去，自己的将士不打死也被拖死，所以要给敌人以致命的打击，而且必须从打击敌人的统帅尹子奇开始。

尹子奇的部队在多次疯狂攻城都被打退以后，折腾得疲惫不堪，只得鸣金收工。晚上，叛军刚刚准备躺下，忽听得城头战鼓如雷，喊声震天，尹子奇急忙命令部队准备与冲出城来的唐军激战。而张巡"只打雷不下雨"，不时擂鼓，像要杀出城来，可是一直紧闭城门，没有出战。尹子奇的部队被折腾了整夜，没有得到休息，将士们疲乏已极，眼睛都睁不开，倒在地上就呼呼大睡。这时，城中一声炮响，突然之间，张巡率领守兵冲杀出来。敌兵从梦中惊醒，惊慌失措，乱作一团。张巡率众一鼓作气，接连斩杀50余名敌将，5000余名士兵，敌军大乱。

大量杀敌不是这次行动的主要目的，张巡急令部队擒拿敌军头号人物尹子奇，部队一直冲到敌军帅旗之下。可问题是张巡从未见过尹子奇，根本不认识，现在他又混在乱军之中，更加难以辨认。张巡一眨眼，计上心来。他让士兵用秸秆削尖作箭，射向敌军。敌军中不少人中箭，他们以为这下小命算是玩完了，正准备作捂着胸口倒地状，可低头一看又不禁大喜，发现自己中的竟是秸秆箭，以为张巡军中已没箭了。他们争先恐后向尹子奇报告这个好消息。张巡见状，立刻辨认出了敌军首领尹子奇，急令神箭手、部将南霁云向尹子奇放箭，正中尹子奇左眼。这回可是玩真格的，只见尹子奇鲜血直流，抱头鼠窜。敌军也一片混乱，大败而逃。

　　古代交战，两军对垒，白刃相交，敌军主帅的位置比较容易判定。但也不能排除这样的情况：敌方失利兵败，敌人主帅会化装隐蔽，让你一时无法认出。张巡技高一筹，用秸杆当箭，一下子让主帅尹子奇暴露出来，将他射伤。

　　擒贼擒王，只因为其能一呼百诺，通过擒敌首脑把敌人一网打尽。张巡用"秸杆箭"投石问路，只费了几箭就将敌军首领找到，进而瓦解敌军，可以说是"擒贼擒王"之计的成功典型。

混战计

釜底抽薪

原 文

不敌①其力②，而消其势③，兑下乾上之象④。

注 释

①敌：动词，攻打。

②力：最坚强的部位。

③势：气势。

④兑下乾上之象：《易经》六十四卦中，"履"卦为"兑下乾上"，上卦为乾为天，下卦为兑为泽。又，兑为阴卦，为柔；乾为阳卦，为刚。兑在下，从循环关系和规律上说，下必冲上，于是出现"柔克刚"之象。

译 文

"不敌其力，而消其势"的意思是：两军对垒，一方不直接针对敌人的锋芒与敌抗衡，而是另想办法，以求得从根本上削弱他的气势，扼制他的战斗力。这里的"兑下乾上"，兑为底下，沼泽之意；乾为高上，上天之意。意思是低下反而能克上。这就如同遭遇老虎，一定要避开老虎的强头，迂回到老虎的后方，骚扰老虎的屁股。这样，不仅不会被老虎咬伤，反会消耗老虎的体力，减杀老虎的气势。

此计正是运用此象理推衍之，喻我用此计可胜强敌。

点 评

"釜底抽薪"，原意出自北齐魏收（字伯起）《为侯景叛移梁朝文》："抽薪止沸，剪草除根。"《淮南子·本经训》："故以汤止沸，沸乃不止，诚知其本，则去火而已矣。"《汉书·枚乘传》："欲汤之沧，一人炊之，百人扬之，无益也；不如绝薪止火而已。"后用以比喻从根本上解决问题。它运用在军事上，是从根本上瓦解敌军的一种策略。

"釜底抽薪"，自古就用来指导战争。尤其对于力量强大、锐气正盛之敌，更应避其锋芒，以"抽薪"来消耗和分散它的力量，方能战而胜之。

事 例

东汉末年的黄巾起义大家都很熟悉，它的来龙去脉就不细说。我们主要讲讲起义后的故事。且说起义后来被镇压下去，但东汉王朝却已被折腾得没了元气，被一些雄心勃勃的野心家四处割据，战乱不休。中国的北方被袁绍与曹操这两个大军事集团占领。袁绍拥兵数十万，占据了黄河以北的幽、冀、青、并等州郡，处于进可攻、退可守的有利地位。曹操则占领了黄河以南数个州郡，他又把汉献帝接到许昌"挟天子而令诸侯"。但曹操只有数万兵马，所处的地理位置又易攻难守，且后方很不巩固，荆州的刘表、江东的孙策、南阳的张绣仍与曹操为敌。所以，总体作战形势利袁而不利曹。

话虽这么说，但曹操却常常跟袁绍掐架。且说公元199 年，袁、曹两军在官渡打起来了，谁也不肯认输，相持了很长时间，这时控制局势的关键就成了粮草供给问题了。10 月，袁绍派大将淳于琼从河北调集了 1 万多车粮草，屯集在大本营以北 20 千米的乌巢（今河南封丘西）。谋臣许攸多次建议分兵袭击许昌，均被袁绍拒绝。许攸又气又恨，想起曹操是他的老朋友，就连夜逃出袁营，投奔曹操。

半夜无眠的曹操好不容易准备去睡觉，谁知刚脱下靴子，就听说许攸来投降他。他一高兴，就光着脚板跑了出去。他恨不得对许攸来个拥抱，高兴地说："哎呀，您肯来，我的大事就有希望了。"

许攸坐下来跟曹操掏心窝子谈了半天，曹操确定他不是来刺探敌情后，才说出自己军营里的粮草只能维持一个月的实情。许攸说："这个情况对您不利，不过您不用担心。现在袁绍有 1 万多车粮食、军械，全都放在乌巢。淳于琼的防备很松，您只要带一支轻骑兵去袭击，把他的粮草全部烧光，不出 3 天，他就不战自败了。"

曹操一听拍手称妙，决定依计行事。曹操命令曹洪军把守官渡，自己率 5000 精锐骑兵，打着袁军旗号，乘夜抄小路奔袭乌巢，围困淳于琼军。乌巢袁军还没有弄清真相，曹军已经点燃一把大火焚烧囤粮，顿时浓烟四起，袁军大乱。天亮后，后曹军集中兵力猛攻，先大败守城之军，再打败前来增援的部队，结果凯旋而归。

袁绍在官渡知道乌巢被袭后，却只派轻骑回去救援，继续用蛮力攻击官渡曹营，结果仍是白费力气。乌巢被攻破、粮草被烧毁的消息传至官渡前线，让袁绍军心动摇，内讧又起。将领们见大势已去，纷纷投归曹军。曹操乘势发起进攻，大获全胜，歼袁军 7 万余人，缴获大批军资，袁绍仅率800 余骑北逃，从此一蹶不振。

经过一年多对峙的官渡之战，至此以曹操的全面胜利而告结束。曹操以 2 万左右的兵力，出奇制胜，击败袁军 10 万，这是一个以釜底抽薪的策略取得以弱胜强、以少胜多的典型战例。

古今战争中，粮草为部队生存之根本，为部队战斗力的本源，因此，总是"兵马未动，粮草先行"。曹操与袁绍征战，正面交锋，曹可能永远也无法击败袁。但曹很聪明，烧了袁军的粮囤，断了袁军之根本与能源，因而大败袁军。这是极为高明的釜底抽薪之计。

混水摸鱼

原文

乘其阴①乱，利其弱而无主。随，以向晦入宴息②。

注释

①阴：内部。意为乘敌人内部发生混乱。

②随，以向晦入宴息：语出《易经·随》卦。随，卦名。本卦为异卦相叠（震下兑上）。本卦上卦为兑为泽，下卦为震为雷。言雷入泽中，大地寒凝，万物蛰伏，故卦象名"随"。随，顺从之

意。《随》卦的《象》辞说："泽中有雷，随。君子以向晦入宴息。"意为人要随应天时去作息，向晚就当入室休息。

译文

乘敌人内部发生混乱，利用他力量虚弱而没有主见的弱点，使他顺从我，这就像人们随着天时的变化，到了夜晚就要入房休息一样自然。

此计运用此象理，是说打仗时要善于抓住敌方的可乘之隙，而我借机行事，使敌军的混乱顺我之意，我便乱中取利。

点评

"混水摸鱼"的本意是：趁水混浊鱼看不见东西，伸手把它捉住。比喻乘混乱之机，获取不正当的利益。运用在军事上，它是一种利用敌方混乱、乱中取胜的谋略。

使用"混水摸鱼"之计，通常指客观上已形成"混水"，如军阀混战、列国争雄、内部分裂等已经造成了混乱局势，对此，只须把握时机去"摸鱼"就是了。

事例

赤壁大战，曹操大败。为了防止孙权北进，曹操派大将曹仁驻守南郡（今湖北公安县）。这时，孙权、刘备都在打南郡的主意。周瑜因赤壁大战取胜，气势如虹，下令进兵攻取南郡。刘备也把部队调来，眼睛死死地盯住南郡。周瑜说："为了攻打南郡，东吴花了那么大的代价，眼看南郡唾手可得，刘备休想做夺取南郡的美梦！"刘备为了稳住周瑜，首先派人到周瑜营中祝贺。周瑜心想，我一定要见见刘备，看他有何打算。

第二天，周瑜亲自到刘备营中回谢。在酒席之中，周瑜单刀直入，问刘备驻扎油江口是不是要取南郡。

刘备说："听说都督要攻打南郡，我特率兄弟们前来助阵。如果都督不取，那我就去占领。"

周瑜大笑，说："南郡指日可下，为何不取？"

刘备说："都督不可轻敌，曹仁勇不可挡，能不能攻下南郡，还不好说。"

周瑜一贯骄傲自负，听刘备这么一说，很不高兴，他脱口而出："我若拿不下南郡，就听任你去取。"

刘备盼的就是这句话，马上说："都督说得好，子敬（即鲁肃）、孔明都在场作证。我先让你去取南郡，如果取不下，我就去取。你可千万不能反悔啊！"

周瑜一笑，哪里会把刘备放在心上。周瑜走后，诸葛亮建议按兵不动，让周瑜先去与曹兵厮杀。

周瑜发兵，首先攻下彝陵（今湖北宜昌），然后乘胜攻打南郡，却中了曹仁诱敌之计，自己中箭而返。曹仁见周瑜中了毒箭，非常高兴，每日派人到周瑜营前叫战。周瑜只是坚守营门，不肯出战。一天，曹仁亲自带领大军前来挑战，周瑜带领数百骑兵冲出营门大战曹军。开战不多时，周瑜大叫一声，口吐鲜血，坠于马下，被众将救回营中。原来这是周瑜定下的欺骗敌人的计谋，一时传出周瑜箭疮大发而死的消息。周瑜营中奏起哀乐，士兵们都戴了孝。曹仁闻讯，大喜过望，决定趁周瑜刚死，东吴没有准备的时机前去劫营，割下周瑜的首级，到曹操那里去领赏。

当天晚上，曹仁亲率大军去劫营，城中只留下陈矫带少数士兵护城。曹仁大军趁着黑夜冲进周瑜大营，只见营中寂静无声，空无一人。曹仁情知中计，急忙退兵，但是已经来不及了。只听一声炮响，周瑜率兵从四面八方杀出。曹仁好不容易从包围中冲出，退返南郡，又遇东吴伏兵阻截，只得往北逃去。

周瑜大胜曹仁，立即率兵直奔南郡。周瑜率部赶到南郡时，只见南郡城头布满旌旗。原来赵云已奉诸葛亮之命，乘周瑜、曹仁激战正酣之时，轻易地攻取了南郡。诸葛亮利用搜得的兵符，又连夜派人冒充曹仁救援，轻易地诈取了荆州、襄阳。周瑜这一回自知上了诸葛亮的大当，气得昏了过去。

刘备取南郡，共用了两步：第一步是激周瑜先攻南郡；第二步是静观其变，在双方厮杀得最激烈时趁机攻占南郡。

他激周瑜就是"因势"；他静观周瑜与曹仁厮杀，自己趁乱轻取，就是"借力"。

金蝉脱壳

 原文

存其形，完其势①；友不疑，敌不动。巽而止蛊②。

注释

①存其形，完其势：保存阵地已有的战斗形势，进一步完备继续战斗的各种态势。

②巽而止蛊：语出《易经·蛊》卦。蛊，卦名。本卦为异卦相叠（巽下艮上）。本卦上卦为艮为山为刚，为阳卦；下卦巽为风为柔，为阴卦。故"蛊"的卦象是"刚上柔下"，意即高山沉静，风行于山下，事可顺当。又，艮在上卦，为静；巽为下卦，为谦逊，故说"谦虚沉静"、"弘大通泰"，是天下大治之象。

译文

保存阵地的原形，不改变作战态势，使得友军不怀疑，敌人也不敢突然行动，这里的"巽而止蛊"是引自《易经·蛊》卦。在这里的意思说：乘敌人迷惑不解的时候，秘密而迅速地转移主力。

此计引本卦《象》辞："巽而止，蛊。"其意是我暗中谨慎地实行主力转移，稳住敌人，我则乘敌不惊疑之际脱离险境，就可安然躲过战乱之危，所以，这是顺事。

点　评

"金蝉脱壳"一语在《元曲选》中常见。如《元曲选·朱砂担》第一折有："兄弟，与你一搭儿买卖呀，他们倒做个金蝉脱壳计去了也，打你这弟子孩儿，你怎么放了他去。"关汉卿的《谢天香》第二折也有："便使尽些伎俩，千愁断我肚肠，觅不得个脱壳金蝉这一个谎。"《西游记》第二十回中，黄风大王的前锋用虎皮盖卧虎石做替身跑了，八戒不识，行者说："这叫做'金蝉脱壳计'：他将虎皮盖在此地，他却走了。"此语比喻用计脱身而不使对方及时发现。在军事上，它是摆脱强敌、完成转移或撤退任务的分身法，是暗抽主力、袭击他处敌军的一种奇谋。

运用"金蝉脱壳"之计，关键是善于"脱"。这种"脱"，不是仓皇逃跑，而是内容虽变其形式犹存，走而示之不走，以稳住敌人，悄然脱身。

事　例

秦武王做太子的时候，和相国张仪就有矛盾。武王即位以后，朝中的许多大臣们经常在他面前讲张仪的坏话，说张仪是个言而无信、"左右卖国而求荣"的骗子。秦武王听这类话多了，渐渐地就有了除去张仪之心。张仪也已觉察到了自己所处的窘境，他为了避免遭到秦王的诛杀，就想了一个既能体面地离开秦国又能使自己安全脱身的计谋。

一天，他拜见秦王说："我有一个成就王业的计谋，但愿您能予以采纳。"秦王问他是怎么样的计谋，张仪回答说："为了秦国的长远考虑，当东方各国的合纵联盟破裂以后，您就可以因势利导从邻近的国家割得地盘。现在齐王对我恨之入骨，我到了哪个国家他就必定要发兵来攻伐。所以，我请求启程去魏国，我到了那里，齐国必定会攻打魏国。而当齐、魏两国的军队打得难解难分而不能自拔的时候，您就乘机发兵攻伐赵国，兵入三川。这样，您也就可以不费多大气力而能兵临周天子的城下。周天子的府藏重器也就不得已送给秦国，而您则可趁此挟天子以令诸侯，这对成就秦国一统天下的伟业是很重要的。"

秦武王觉得这个谋略很好，就让张仪去了魏国。而齐国闻知张仪到达魏国，也的确兴师伐魏了。但张仪已达到了安全离开秦国的目的，于是他马上派自己的门人去楚国，让楚国派使者到齐国去向齐王通报张仪与秦王的谋略。齐王知道上当，马上就撤兵回国。

张仪向秦王献成就霸业之计，这是他做的一个"壳"，用来转移秦王的注意力。而他的真实目的是脱身，离开秦国这个是非之地。

关门捉贼

小敌困之①。剥，不利有攸往②。

①小敌困之：对弱小或者数量较少的敌人，要设法去围困（或者说歼灭）他。

②剥，不利有攸往：语出《易经·剥》卦。剥，卦名。本卦异卦相叠（坤下艮上），上卦为艮为山，下卦为坤为地。意即广阔无边的大地在吞没山，故卦名曰"剥"。剥，落的意思。卦辞："剥，不利有攸往。"意为剥卦说，有所往则不利。

这解语里的"小敌困之"意思是说：对弱小的敌人，要包围起来歼灭。"剥，不利有攸往"是引自《易经·剥》卦，在这里的意思是指：零散小股敌人，虽然势单力薄，但出没无常，诡诈难防，因而不利于急迫远赶，而应该断其退路，聚而歼灭。

此计引此卦辞，是说对小股敌人要即时围困消灭，而不利于去急追或者远袭。

点评

"关门捉贼"的原来意思是：当窃贼进家盗取财物时，必须关起门来把他促住。用于军事，和"欲擒故纵"相反，它是对弱小敌人采取四面包围、一举全歼的谋略。《兵法圆机·发》中就有这样的论述："制人于危难，扼人于深绝，诱人于伏内。张机设井，必度其不可脱而后发。盖早发则敌逸，犹迟发失时。故善兵者制人于无所逸。"其意思是要把握时机，聚而歼之，不使敌人漏网。

"关门捉贼"的"贼"，在古代多指那些行踪诡诈、突然来袭的小股敌人。其特点，一是行动灵活，出没无常；二是为数虽少，能量颇大，追之易遁，驻则相扰，甚至击我不备。《吴

子》有云："一人投命（拼命），足惧万夫。"这是因其易于脱
逃，倘穷追不舍，既可能狗急跳墙，反咬一口；也可能正中
其诱敌之计，吃亏上当。孙子的"穷寇勿迫"就是指的对于
这种敌人。如过于逼迫不但难达歼灭目的，反有遭其暗算的
可能。因此，"捉贼"必须讲究斗争艺术，谨慎行事，要先
断其退路，再聚而歼之。

事　例

　　元朝末年，各地起义军风起云涌，混战多年，最后只
剩下朱元璋、陈友谅、张士诚等几支队伍。陈友谅为了吞
掉朱元璋，勾结张士诚，向朱元璋占据的建康（今江苏南
京）进攻。但陈友谅与朱元璋打过多年交道，深知朱元璋
足智多谋，手下兵多将广，故小心翼翼，步步为营，慢慢
推进。

　　消息传到建康，朱元璋思谋破敌之计，觉得想灭陈友
谅，必须诱其深入，然后围歼之。这样一步一步地打消耗
战，久了必会腹背受敌，被陈友谅和张士诚两面夹击，就危
险了。但如何引陈友谅孤军深入呢？朱元璋想起了黄盖降曹
的赤壁之战，觉得可以仿效办理，以诱惑敌人。

　　他找到过去与陈友谅交情甚厚的属将康茂才，问他是否
有把握诱陈友谅来攻。康茂才说："陈友谅胸无大志，缺乏战
略眼光，急功近利，可以诱其前来。"于是他修书一封，说
自己在朱元璋手下干得很不痛快，出力不少，不得重用；今

将军前来进攻，愿投降。并说，自己负责防守城西边的大桥，是水路攻城的必经之路，若将军到来，愿献桥投降。写毕，他派自己家的看门老仆去送信。此人过去侍候过陈友谅，陈友谅认识他，易相信。

陈友谅得到信后，并没完全相信，盘问了半天，问康茂才守的是座什么桥，老仆回答是木桥。陈友谅大喜，当即回信给康茂才，定下夜袭计划，并定下联络暗号，陈友谅兵到后就喊"老康"，康茂才听见后就从内向外攻，里应外合，一举拿下城池。

老仆回来报告了消息。朱元璋听陈友谅问是何桥，就明白了他想干什么，忙传令拆去木桥，连夜改为铁索石板桥。当夜，陈友谅果率水军前来攻击。前边他准备下几船硫磺柴草，准备康茂才不降时就强攻，烧掉木桥，顺势沿水向东攻下。喊了半天"老康"，无人答应时，便令点火强攻。哪知桥已变成铁索石桥，烧不断，而且还阻住了船队进路。陈友谅才知中计，忙令战船掉头逃跑。哪知朱元璋的水军已顺水冲来，伏兵四起，门关捉贼。这一仗，陈友谅损兵折将，元气大伤。

本来陈友谅已经采用步步为营、稳扎稳打的办法让朱元璋感到了很大的威胁，但却要贪功冒进，自己反而被朱元璋诱入重围，关门捉贼，功败垂成。

远交近攻

原　文

形禁①势格②，利从近取，害以远隔③。上火下泽④。

注　释

①禁：禁止。

②格：阻碍。受到地势的限制和阻碍。

③利从近取，害以远隔：先攻取就近的敌人有利，越过近敌先去攻取远隔之敌是有害的。

④上火下泽：语出《易经·睽》卦。睽，卦名。本卦为异卦相叠（兑下离上）。上卦为离为火，下卦为兑为泽。上离下泽，是水火相克，水火相克则又可相生，循环无穷。又，"睽"，乖违，即矛盾。本卦《象》辞："上火下泽，睽。"意为上火下泽，两相离违、矛盾。

译　文

当实现军事目标的企图受到地理条件的限制时，那么，利于先攻取就近的敌人，而不利于越过近敌去攻取远隔的敌人。解语中的"上火下泽"引自《易经·睽》卦，原意是说：火焰往上冒，池水往下淌，志趣不同，但可取得暂时的联合。这时的意思是：远隔的敌人，虽然和我们是相对立的，但可以同他取得暂时的联合，以利我攻取近敌后再攻破他。

此计运用"上火下泽"相互离违的道理，说明采取"远交近攻"的不同做法，使敌相互矛盾、离违，而我正好各个击破。

点评

"远交近攻"语出《战国策·秦策三》：范雎听到秦相魏冉主张越过韩、魏去伐齐，便向秦王建议："灭六国，统一天下，王不如远交而近攻，得寸则王之寸，得尺则王之尺也。今舍此而远攻，不亦谬乎？"又，《读史方舆纪要·卷一》也有此说："秦用范雎远交近攻之策，先灭韩、次灭赵、次灭魏、次灭楚、次灭燕、并灭代，乃灭齐。"但作为一种谋略，在此200年前，郑庄公为争霸诸侯，联合齐、鲁，夹击宋、卫，已见运用。它是一种分化或防止敌方联盟，以利各个击破的外交策略。

《孙子兵法·谋攻篇》有"上兵伐谋，其次伐交，其次伐兵，其下攻城"的论述，由此可见："伐交"除"伐谋"外，比之"伐兵""攻城"更为重要。而"伐谋"与"伐交"相辅相成，不可分割，军事外交活动本身即包含着许多谋略斗争。在《十一家注孙子》中，李筌引苏秦说服六国，以"合纵"战略抗击秦国的历史事实，杜牧则用张仪献计秦国，以"连横"战略瓦解六国联盟的历史事实，来解释"伐交"。凡用计分化敌人的联盟，促进自己阵营的联合，都属于"伐交"范围。因此,"远交近攻"这种手段,在封建割据的兼并战争中,特别是春秋战国时期,苏秦、张仪、范雎等游说之士,不遗余力地积极鼓吹和具体策划,纵横捭阖,屡见运用。

这里所说的"远交",并非是长久和好,而是适应斗争形势需要的权宜之计,是避免树敌过多而采取的外交诱骗手段,目的在于孤立近邻,"分而治之",实现其扩张野心。一旦"近攻"得逞,"远交"之"故友",立即变为"新敌",就会借机反目,兵戎相见,直至将对手置之死地而后已。

事 例

战国末期,7个小国的头头谁也不服谁,都想当老大。秦国经商鞅变法之后,势力发展最快。秦昭王开始了他吞并六国的图谋,公元前270年,秦昭王准备兴兵伐齐。

事有凑巧,魏国的能人奇士范雎正好到秦国游说,见到了秦昭王。秦昭王向范雎询问富国强兵之策,范雎娓娓道来:"目前七国之中,秦国土地最多,好兵马也最多,占据的有利边塞也不少,进则能攻,退则能守,称得上是老大,一统

97

天下可以说是小儿科的事。但是，最近我听说大王要发兵攻打齐国，我认为这是危险的策略。"

秦昭王一脸疑惑："为什么呢？"范雎说："齐国势力强大，离秦国又很远，攻打齐国，部队要经过韩、魏两国。军队派少了，难以取胜；多派军队，打胜了也无法把齐国的土地同秦国连起来。当初，齐王越过韩、魏两国去攻打楚国，曾占领千里之地，但结果齐国连一寸土地也未得到，都被韩、魏两国瓜分了。依我看，大王应当采取远交近攻的策略。"

"那怎么个远交近攻法呢？"秦昭王感兴趣地问。

范雎说："首先同离我们远的齐、楚等国搞好关系，使他们不再干预我们去攻打邻近的国家；接下来对离我们近的赵、魏等国，可以像蚕吃桑叶一样，一个城一个城地去攻占，占领了就派我们的人去管理。统一中原，何难之有？打下韩、魏以后再打燕、赵；打下燕、赵之后再打齐、楚。大王只要实行这条计策，用不了多少年，保证能兼并六国，统一天下。"

范雎的一席话点醒了秦昭王这个梦中人，他立即高兴地拜范雎为客卿，如得神谕般地按照范雎的策略，把攻打齐国的人马撤回来，改为攻打近邻魏国。其后 40 余年，秦始皇继续坚持"远交近攻"之策，远交齐、楚，首先攻下韩、魏，然后又从两翼进兵，攻破赵、燕，统一北方；攻破楚国，平定南方；最后把齐国也收拾了。秦始皇征战 10 年，终于实现了统一中国的愿望。

从秦国通过"远交近攻"的谋略统一中国的步骤来看，

远交近攻是一种缓兵之计，也可以说是一种暂时的结盟办法。同时，这也告诉了我们一个道理：实现远大的目标得从小目标开始。

假道伐虢

原　文

两大之间，敌胁以从，我假[1]以势。困，有言不信[2]。

注　释

[1]假：借。

[2]困，有言不信：语出《易经·困》卦。困，卦名。本卦为异卦相叠（坎下兑上），上卦为兑为泽，为阴；下卦为坎为水，为阳。卦象表明，本该处于下方的泽，现在悬于上方而向下渗透，以致泽无水而受困，水离泽流散无归也自困，故卦名为"困"。困，困乏。卦辞："困，有言不信。"意为，处在困乏境地，难道不相信这些吗？

译　文

对于处在敌我两个强国中间的弱国，当敌方逼迫他屈服时，我方要立刻出兵援救，也就可以借机把军事力量渗透进去。解语中的"困，有言不信"，引自《易经·困》卦，这里的意思是说：对于这种面临困境的弱国，只有口头许诺而没有实际行动，是不能赢得他的信任的。

此计运用此卦理，是说处在两个大国中间的小国，面临着受人胁迫的境地时，我若说援救他，他在困顿中会不相信吗？

点评

此计亦作"假途伐虢"，原出《左传·僖公五年》：春秋时，虞、虢二国毗邻，都靠近晋国。晋久有并吞野心，于是用荀息的计谋，先以名马、宝玉买通虞公，允其借道攻虢。晋灭虢后，回师途中又灭了虞国。此后即用"假道伐虢"泛指托借路之名，行灭亡该国之实的计策。侵入的战略大体分两种：一是以攻击接壤邻国为目标的谋略，如"远交近攻"；二是越过邻国去攻击远国，如"假道伐虢"。前者是为消除肘腋之患所用，后者是为灭远敌以争霸权而用。两者均属先发制人的侵入性战略。

"假道"也作"假途"，就是借路。其本意并非是对小国受"敌胁"时予以救援，而是乘势扩展兵力，控制对方，以便伺机突然袭击，占领该国。由此可见，"假道"是为掩盖其真实军事侵入意图的一种具体手段。晋献公采纳荀息的计谋，一箭双雕，灭了虢国和虞国，就是在"假道"二字上作的文章。从历史经验看，虞公之所以亡国，在于贪小利而背大义，不听良臣宫之奇"辅车相依，唇亡齿寒"的忠言。宫之奇这一思想，实为御敌良策，已成为后世联弱抗强的重要战略思想。

事　例

"假道伐虢"，文章作在"假道"上。"假道伐虢"者可以找出多种多样"假道"的理由，掩盖其真实的军事企图。1940年4月，在希特勒发动的第二次世界大战中，德国入侵丹麦和挪威时即采用了"假道伐虢"的计谋。

德国周边诸国有着良好的资源矿藏。希特勒认为，在战争中，这些国家不仅是德国继续进行战争侵略所需要的有利阵地，而且也是德国战争原料的重要来源地。例如1939年，瑞典共出口铁砂2400万吨，其中输入德国的就有1100万吨。希特勒认为有了充足的战争资源就可以延续战争。他对周边诸国早已存有霸占野心，特别是对丹麦和挪威两个国家更是垂涎三尺。在地理位置上，德国的北面毗邻丹麦，丹麦的北面是挪威，经丹麦攻挪威是一个理想的作战方案。希特勒经过再三斟酌后，指示德军参谋本部制定了代号叫做"威悉河演习"的"假道伐虢"入侵计划。

战争发起前，德军利用特工人员进行了大量宣传，声称："德国和丹麦是友好邻邦，一旦有战事时，德军通过丹麦是为了保卫丹麦。"

1940年4月9日，按照德军的作战预案，德军就"借道"丹麦，进攻挪威。当日5时，集结在德国和丹麦边境附

近的德军先遣部队乘坐摩托车，趾高气扬地向前开进。由于事前德军的欺骗宣传，德军在丹、德边境没有遇到任何抵抗。德军突破丹、德边境后迅速向丹麦腹地推进。与此同时，德军的登陆兵也在丹麦的西兰岛、弗恩岛、法耳斯特岛登陆。德军入侵丹麦全境后，直逼丹麦国王及其政府驻地。在刺刀的威逼下，丹麦国王及其政府不战而降，屈辱地签订了投降协议书，将整个国家奉送给了德国侵略者。

德军在"借道"并占领丹麦的同时，又在大量飞机的掩护下，以登陆兵和空降兵夺取挪威最重要的港口和主要机场，并向挪威内地发起进攻，在很短的时间内便击溃挪威军队并占领整个挪威。在两个月的时间内，德国实现了"假道伐虢"的作战预案。

"假道伐虢"计谋以借路为名，行灭国之实，这既有欺骗谋略思想又有以实力威逼对方迫对方就范的意思。在未来的高科技战争中，"假道伐虢"计谋仍占有一席之地。掌握"假道伐虢"计谋的精神实质，才能不被敌人所迷惑，才能针锋相对地同敌人作斗争。

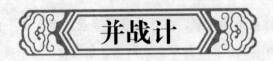

并战计

偷梁换柱

原 文

频更其阵，抽其劲旅，待其①自败，而后乘之，曳其轮也②。

注 释

①其：句中的几个"其"字，均指盟友、盟军而言。

②曳其轮也：语出《易经·既济》卦。既济，卦名。本卦为异卦相叠（离下坎上）。上卦为坎为水，下卦为离为火。水处火上，水势压倒火势，救火之事，大功告成，故卦名"既济"。既，已经；济，成功。本卦初九《象》辞："曳其轮，义无咎也。"意为拖住了车轮，车子就不能运行了。

译 文

多次变动他的阵容，暗中抽换他的主力，等待他自趋失败，然后乘机控制或吞并他。这就像拖住了大车的轮子，也就控制了大车的运行一样。

此计运用此象理，是说拖住了车轮，车子就不能运行了。也可以说，己方抽取友方劲旅，如同抽出梁木房屋就会坍塌，于是己方便可控制他了。

点 评

"偷梁换柱"，比喻暗中玩弄手法，以假代真。《红楼梦》第九十七回："偏偏凤姐想出一条'偷梁换柱'之计。"（指以宝钗冒充黛玉与宝玉成婚之事）又作"偷天换日""偷龙转凤"。它在军事上，是暗中抽换敌方主力，使之由主动变为被动，而后乘机将其吞掉或控制的一种计谋。

古代作战，敌对双方多要排列阵式。列阵须按东西南北的方位布置。阵中有"天衡"，首尾相对作为大梁；"地轴"则连贯于中央作为支柱。"梁""柱"位置的部队皆是主力。因而，观察敌阵，即能发现其主力所在。"偷梁换柱"就是要设法抽调敌方的主力，变敌之"梁柱"为我之"梁柱"，然后乘机将其制服的一种计谋。

事 例

战国时，有个叫吕不韦的大商人，有次到赵国的都城邯郸做生意时认识了从秦国来做人质的王子异人，于是决定放弃生意搞政治投机，帮助异人成为秦国太子的嫡子。异人从此身份提高，手面阔绰，名气越发大了，在邯郸的府第中，经常大宴宾客，歌舞终宵。当然，在此场合中，首席上宾是吕不韦。

吕不韦这时的身份，已非商人，而为秦国第三代王位继承人的师傅，所以不回老家阳翟，住在邯郸，娶了好些姬妾。其中最艳丽而能歌善舞的一个，是当地"大亨"的女儿，姓赵，非常得宠，娶来不久就怀了孕。不想有一天，异人到吕不韦那里去喝酒，一见惊为天人，借着酒盖脸，亲自捧觞到主人面前敬酒，要求吕不韦以此美人相赠。

在那个时代，这不算失礼之事。不过此美人是吕不韦的宠姬，自然舍不得。再想到异人得有今日，完全是自己的力量。饮水不思源，居然夺人所爱，这口气越发咽不下，当时脸色就很难看，准备以师傅的地位，大大地教训他一番。就在要发作的那一瞬间，突有灵感，吕不韦改变了态度。

他心里这样在自问：为了异人破家，所为何来？不就是因为他奇货可居，要从他身上生发出一场荣宗耀祖的大富贵？现在宠姬有孕在身，归于异人，如果生了儿子，就是秦国第四代的王位继承人。有子为王，天下富贵，何逾于此？

这样一想，他把满脸怒容，慢慢收敛，叹口气说："我已为世子倾家荡产，又何惜此一妇人？请宽饮，回头我叫她跟世子一起回府就是了。"异人喜不可当，再一次申述了他的诺言：一登王位，要与吕不韦"共有天下"，决不敢有负师傅恩德。

于是留下异人在厅中独饮，吕不韦告罪离席，到了后厅，把赵姬找来，说明经过。然后以极郑重的语气告诫她，千万不可说她已怀有身孕！他为她分析利害：不说破，则生子为秦王，她就是太后；说破了，即使无杀身之祸，但一旦色衰爱弛，也会被打入冷宫受一辈子的苦。

赵姬本来就是"大亨"的女儿，耳濡目染，自然也是个厉害角色，心领神会了吕不韦的话，辞别故主，高高兴兴地投入异人的怀抱。说也奇怪，她怀孕怀了十二个月，这称为"大期"，但异人不曾发觉，只当她十月怀胎，生下一子，十分高兴，把她立为夫人。她的儿子便成为嫡子，取得了法定的王位继承权。

异人的这个嫡子就是秦始皇。后来他尊吕不韦为"仲父"，拜吕不韦为丞相，封文信侯，食邑河南洛阳十万户，光家仆就有 1 万之众，食客也有 3000，富可敌国。

吕不韦献孕姬，用的就是偷梁换柱之策。不管其目的和手段多么令人不齿，但单纯从利用角度来说，无疑是古今最为成功的一例。

指桑骂槐

原 文

大凌小者，警以诱之①。刚中而应，行险而顺②。

注 释

①大凌小者，警以诱之：强大者要控制弱小者，要用警诫的办法去诱导他。

②刚中而应，行险而顺：语出《易经·师》卦。师，卦名。本卦为异卦相叠（坎下坤上）。本卦下卦为坎为水，上卦为坤为地，水流地下，随势而行。这正如军旅之象，故名为"师"。本卦《象》辞说："刚中而应，行险而顺，以此毒天下，而民从之。""刚中而

应"是说九二以阳爻居于下坎的中位，叫"刚中"，又上应上坤的六五，此为互应。下卦为坎，坎表示险，上卦为坤，坤表示顺，故又有"行险而顺"之象。以此卦象的道理督治天下，百姓就会服从。这是吉祥之象。"毒"，治的意思。

译 文

强大的慑服弱小的，可以用警告的办法来诱导他，适当的强硬，可以得到响应；果敢的手段，可以使人敬服。

此计运用此象理，是说治军时采取适当的强硬手段便会

得到应和，行险则遇顺。

"指桑骂槐"，即俗话说的"指冬瓜，骂葫芦"，比喻明指张三，实骂李四。《红楼梦》第十六回："偏一点，他们就指桑骂槐的抱怨……"运用于军事，它是以"杀鸡儆猴""敲山震虎"的手段来严肃法纪、树立权威的一种治军策略。

军队必须有铁的纪律，才能令行禁止，攻之能克，守之可固，退之有序；反之，有令不行，有禁不止，各行其是，一盘散沙，这样的"乌合之众"，根本无法作战，必败无疑。因此历代兵家无不重视严明军纪。

春秋时期，吴王阖闾看了大军事家孙武的著作《孙子兵法》，非常佩服，立即召见孙武。吴王说："你的兵法真是精妙绝伦，你能不能当面给我演示一下，让我开开眼界呢？"孙武说："这个不难。您可以随便找些人来，我马上操练给您看看。"吴王一听，好生好奇：随便找些人来就可操练？吴王存心要为难一下孙武，说道："我的后宫里美人多得很，先生能不能让她们来操练操练？"孙武一笑说："行呀！任何人都可以操练。"

于是，吴王从后宫叫来一百八十名美人。众美人一到校军场上，只见旌旗招展，战鼓排列，煞是好看。她们嘻嘻哈哈，东瞅西瞧，漫不经心。孙武下令将一百八十名美人编成两队，并命令吴王的两个爱姬作为队长。两个爱姬哪里做过带兵的官儿，只是觉得好笑好玩，好不容易，才把稀稀拉拉、叫叫嚷嚷的美人们排成两列。

孙武十分耐心、认真、细致地对这些美人们讲解操练要领。交代完毕，命令在校军场上摆下刑具，然后威严地说："练兵可不是儿戏！你们一定要听从命令，不得马马虎虎，嬉笑打闹。如果谁违反军令，一律按军法处理！"

美人们以为大家是来做游戏的，不想碰见这么个一脸正经的人！这时，孙武命令擂起战鼓，开始操练。孙武发令："全体向右转！"美人们一个也没有动，反而哄然大笑。孙武并不生气，说道："将军没有把动作要领交代清楚，这是我的错！"于是他又一次详细讲述了动作要领，并问道："大家听明白了没有？"众美人齐声回答："听明白了！"

鼓声再起，孙武发令："全体向左转！"美人们还是一个未动，笑得比上次更加厉害了。吴王见此情景，也觉得有趣，心想：你孙武再大的本领，也无法让这些美人们听你的调动。

孙武沉下脸来，说道："动作要领没有交代清楚，是将军的过错；交代清楚了，而士兵不服从命令，就是士兵的过错了。按军法，违反军令者斩。队长带队不力，应先受罚。来人，将两个队长推出斩首！"吴王一听，慌了手脚，急忙派人对孙武说："将军确实善于用兵，军令严明，寡人十分佩服。这次，请放过寡人的两个爱姬。"孙武回答道："将在外，君令有所不受。大王既然要我演习兵阵，我一定要按军法规定操练。"于是，将两名爱姬斩首示众，吓得众美人魂飞魄散。孙武命令继续操练。他命令排头两名美人继任队长，全场鸦雀无声。

鼓声第三次响起，众美人精神集中，处处按规定动作，一丝不苟，顺利地完成了操练任务。

吴王见孙武斩了自己的爱姬，心中不悦，但仍然佩服孙武治兵的才能。后来以孙武为将，终使吴国挤进强国之列。

在这里，孙武用的就是"指桑骂槐"之策，斩吴王的两个爱妾，就是要让其他美人知道军令不是儿戏。

假痴不癫

原　文

宁伪作不知不为，不伪作假知妄为[①]。静不露机，云雷屯也[②]。

注　释

①宁伪作不知不为，不伪作假知妄为：宁可假装着无知

而不行动，不可以假装假知而去轻举妄动。

　　②静不露机，云雷屯也：语出《易经·屯》卦。屯，卦名。本卦为异。卦相叠（震下坎上），震为雷，坎为雨。此卦象为雷雨并作，环境险恶，为事困难。"屯，难也。"《屯》卦的《象》辞又说："云雷，屯。"坎为雨，又为云，震为雷。这是说，云行于上，雷动于下，云在上有压抑雷之象征，这是屯卦之卦象。

译　文

　　宁可装作糊涂而不行动，也不可冒充聪明而轻举妄动。暗中筹划而不露声色，要像《易经·屯》卦里所说的，如同冬天里的雷电蓄而待发一样。说具体一点就是：在战机还未到时，不能操之过急，而要装作什么也不知道，若无其事，实际上心里是清楚的，正如《孙子兵法》所讲的："能而示之不能，用而示之不用。"

　　此计运用此象理，是说在军事上，有时为了以退求进，只得假痴不癫，积蓄力量，以期后发制人。这就如同云势压住雷动，且不露机巧一样，最后一旦爆发攻击，便出其不意而获胜。

点　评

　　"假痴不癫"就是表面装糊涂，实际很清楚，目的在于把自己隐蔽在"假痴不癫"之中，欺骗麻痹对手。汉朝人在假托为吕尚所编写的《六韬》里说："鸷鸟将击，卑飞敛翼；猛兽将搏，弭耳俯伏；圣人将动，必有愚色。"这些都是用假象来欺骗、迷惑和引诱敌人。在军事上，它是麻痹敌人、侍机破敌的一种策略，即孙子所谓"能而示之不能，用而示之不用"的老成持重的手段。

"能而示之不能"，关键在于了解敌将之心，顺从对手的意图，相机行事。

事例

战国时，孙膑与庞涓同为魏王效力。那时庞涓已是魏国的大红人，被魏王拜为军师。孙膑虽然兵法才学出众，但因是新去的没有立下战功，所以被安排在没有什么实权的客卿职位

上。庞涓是个心胸狭隘善妒之人，他怕有朝一日孙膑得宠压倒自己，所以他要找机会除掉孙膑。但还有一样东西让他牵肠挂肚，就是孙膑身上的祖传兵法《孙子十三篇》。

一次，庞涓跑到魏惠王面前说孙膑虽身在魏国，却心怀齐国，有里通外国之嫌。为使证据确凿，他骗孙膑请假回齐国省墓。魏惠王大怒，取消了孙膑的官位，并把他交给庞涓约束监视。

庞涓又到魏王面前谗言，说孙膑虽然有私通齐国之罪，但罪不至死，不如砍掉他的双脚，使他终生不能回齐国，留下他能发挥所长，又没了后患。魏王听信了他的话。庞涓当晚就下毒手，派人将孙膑的一对膝盖削去，又用针在孙膑的脸上刻了"叛徒"两字。庞涓还猫哭老鼠一般，哭着说没想到魏王这么不留情面，还假心假意让人给他敷药，抬到书馆休养，临走前还好言好语地安慰一番。

孙膑对这一切都蒙在鼓里，还对庞涓感激万分。庞涓旁敲侧击地说起想看看《孙子兵法》，孙膑痛快地答应以木简刻写出来。

服侍孙膑的仆人诚儿很同情孙膑。一天，庞涓召见诚儿，问孙膑每天刻写多少，诚儿如实说孙膑因两腿不便，每天只写能二三策。庞涓恨不得孙膑早死，狂暴地让诚儿催孙膑快写。诚儿诚惶诚恐地退出，他很不理解庞涓对孙膑的态度落差怎么这么大。他正好遇到庞涓近侍，问道："军师要孙将军写书，为什么催得那么紧呢？"那近侍小声说："你不知道，军师对孙公表面上示好，但心里却很忌妒，目前留他一条性命，其实就是为了得到这本兵书。等他刻写完，不把他杀死也要把他饿死。这话你可千万不要走漏了风声！"

诚儿一听大吃一惊，连忙回去将此话密告孙膑。孙膑这才知底细，心想怎么能把兵法传给这样的白眼狼？转过头又一想，自己要是不写，庞涓一发怒，自己的命哪里还保得住？左思右想，想找一计脱身，他忽然想起老师鬼谷子在他临行前给的锦囊及吩咐过的话："到紧急时方可拆看。"遂将锦囊打开，黄绢上写着"诈疯魔"三字。"哦，原来如此！"孙膑叹了一声，有了主意。

晚上，饭送来了，孙膑正举着，忽然扑倒在地，呕吐起来，一会儿又大声叫喊："你何以要害我？"接着将饭盒推翻，把写过的木简用火焚烧，口里喃喃谩骂，语无伦次。

诚儿不知是诈，慌忙跑去告诉庞涓。第二天庞涓来看，孙膑脸上除了眼睛还在眨巴，五官已被痰和口水糊住，还趴在地上一会儿哈哈大笑，一会儿大哭。庞涓还是没有完全相信，他又命令随从把孙膑拖进猪栏。猪栏里臭不可闻，但孙膑却若无其事地在屎尿中倒头就睡。有人送来酒食，说是偷偷瞒过军师送来的，还说很同情他。孙膑知道这是庞涓玩的把戏，故意开口大骂："你又要来毒我吗？"将酒食掀翻在地。使者顺手拾起猪屎及臭泥块给他，他拿着就吃。使者将情形回报庞涓，庞涓说："看来他已真疯了。"从此对孙膑不再防范，随便他进进出出，只是派人跟踪而已。

这时墨翟云游到了齐国，住在大臣田忌家里。墨翟将孙膑之才及庞涓妒忌之事转告田忌，田忌又转奏齐威王。齐王认为本国有如是之将才见辱于别国，不只丢面子而且是损失，便说："寡人即刻发兵迎孙膑回国！"田忌却说："投鼠须忌器，魏国虽然没有用孙膑，但他们又怎么会让孙膑这样的人才为齐国所用呢？此事只可以智取，不可以硬碰，须如此如此，这般这般……"

威王采纳了田忌的谋略，派遣大夫淳于髡为使，禽滑装作随从，假以进茶为名，到魏国去相机行事。

淳于髡到了魏国见过惠王，呈上了齐王的问候信。惠王很高兴，安顿淳于髡在宾馆住下。随从禽滑私下去找孙膑，孙膑靠坐在猪栏边，瞪着眼睛对着禽滑，也不说话。禽滑走到跟前，流着眼泪轻声说："我是墨子的学生禽滑。老师已把你的冤屈告之齐王，齐王命我偷载你回齐国去，为你报仇，你不必见疑。"好一会儿，孙膑才点头，流着泪说："唉，我以为今生永无此日了，今有此机会，敢不掏心相告？但庞涓疑虑太深了，恐怕不方便与您一起回去！"禽滑连忙说："这一点你可放心，我已计划好了，到启程时我会亲自相迎。"同时约好第二天碰头地点及时间才离开。

第二天，淳于髡一行要回国了。魏王执酒相待，庞涓亦在长亭置酒钱行。但禽滑已先一步把孙膑藏在温车里，叫随从王义穿起孙膑的衣服，披头散发，以稀泥涂面，装作孙膑模样在街上疯疯癫癫的，瞒过了盯梢，也瞒过了庞涓。

禽滑驱车速行，淳于髡押后，很快就把孙膑载回了齐国。过了几天，那位假孙膑亦脱身回来。跟踪的人见孙膑的脏衣服散在河边，报告庞涓，他们都认为孙膑已投水死了，根本不怀疑孙膑会偷回齐国去。

孙膑秘密回国后仍然保密，不出名不露面。后来赵魏交战，孙膑以"围魏救赵"之计，大败庞涓；韩魏之役，孙膑再以"减灶增兵"之计，诱敌深入，把庞涓射死于马陵道。

庞涓忌恨孙膑的才学，欲害之，但碍于孙膑没有写完鬼谷子【注解】的兵法，只等一写完就下手。怎样才能避免被害呢？孙膑就采用了"假痴"的办法，使庞涓认为他已无用，放松了对他的监管，使他有机会逃离虎口。

上屋抽梯

原文

假之以便，唆之使前，断其援应，陷之死地①。遇毒，位不当也②。

注释

①假之以便，唆之使前，断其援应，陷之死地：句意是借给敌人一些方便（即我故意暴露出一些破绽），以诱导敌人深入我方，乘机切断他的后援和前应，最终陷他于死地。假，借。

②遇毒，位不当也：语出《易经·噬嗑》卦。噬嗑，卦名。本卦为异卦相叠（震下离上）。上卦为离为火，下卦为震为雷，是既打雷，又闪电，威严得很。又，离为阴卦，震

为阳卦，是阴阳相济，刚柔相交，以喻人要恩威并用，宽严结合，故卦名为"噬嗑"，意为咀嚼。本卦六三《象》辞："遇毒，位不当也。"本是说，抢吃腊肉中了毒（古人认为腊肉不新鲜，含有毒素，吃了可能中毒），因为六三阴兑爻居于阳位，是位不当。

译 文

故意暴露破绽或放出诱饵，造成有便宜可占的假象，引诱敌人深入我方，然后再切断它的前应和后援，使它陷入我预设的"口袋"之中。解语的"遇毒，位不当也"，是引自《易经·噬嗑》卦。它的意思是说：敌人贪得无厌，必定要招致后患。

此计运用此理，是说敌人受我之唆，犹如贪食抢吃，只怪自己见利而受骗，才陷于死地。

点 评

"上屋抽梯"，亦作"上房抽梯""上楼去梯"，也有叫

"过河拆桥"的，比喻诱使其前进而断其退路。见之《孙子·九地篇》："帅与之期，如登高而去其梯。"原意也见于《三国志·蜀书·诸葛亮传》：荆州牧刘表之长子刘琦，因后母偏爱幼子刘琮，常受压抑，屡求自安之策于诸葛亮，均遭拒绝。一天，刘琦引诸葛亮游观后园，共上高楼，饮宴之间，令人抽去楼梯，然后对他说："今日上不至天，下不至地，言出子口，入于吾耳，可以言未？"诸葛亮感其一再诚恳求教，遂告以"重耳在外而安"之策。刘琦便求父派他去江夏任太守，得免灾祸。

此计在军事上，是一种诱敌就范、聚而歼之的计谋。其使用既可对己，亦可对敌，目的都是为了克敌制胜。对己，是将自己部队置于有进无退、有敌无我的绝境，激励将士一往直前，同敌人作殊死斗争。

事　例

秦朝灭亡之后，各路诸侯在中原大展拳脚，一比高下。到后来，就剩下项羽和刘邦有得一拼，其他诸侯都是虾兵蟹将级的了，不是被消灭，就是急忙寻找靠山。赵王歇在巨鹿之战中，看到了项羽是个了不得的英雄，所以投靠了项羽。

刘邦哪能对对手的势力增长坐视不理！他命令韩信、张耳率2万精兵攻打赵王歇。赵王歇刚开始没在意，心想自己用不着怕韩信、张耳这种嘴上无毛的后生。赵王歇亲自率领20万大军驻守井陉，准备迎敌。韩信、张耳的部队也向井陉

进发，他们在离井陉 15 千米外安营扎寨。两军对峙，一场
大战即将开始。

韩信分析了两边的兵力，敌军人数比自己的多上 10 倍，
硬拼攻城，恐怕不是对方的敌手；如果久拖不决，又经不起
消耗。经过反复思考，他定下了一条妙计。他召集将军们在
营中部署，命一将领率 2000 精兵到山谷树林隐蔽之处埋伏
起来。

第二天天刚亮，只听见韩信营中战鼓隆隆，韩信亲率大
军向井陉杀来。赵军主帅陈余，早有准备，立即下令出击。
两军杀得昏天黑地。韩信早已部署好了，此时一声令下，部
队立即佯装败退，并且故意遗留下大量的武器及军用物资。
陈余见韩信败退，大笑道："区区韩信，怎是我的对手！"他
下令追击，一定要全歼韩信的部队。韩信带着败退的队伍撤
到绵延河边，与张耳的部队合为一股。韩信对士兵们进行动
员："前边是滔滔河水，后面是几十万追击的敌军，我们已经
没有退路，只能背水一战，击溃追兵。"

哪个士兵也不想不明不白地死，豁出去也许还有生存
的机会，于是个个奋勇争先，要与赵军拼个你死我活。韩
信、张耳又率部杀了回来，这让陈余吃了一惊，他本以为自
己以多胜少，胜利在握的。这个时候士兵们的斗志都在松懈
状态，加上韩信故意在路上遗留了大量军用物资，士兵们你
争我夺，一片混乱，更无心抵抗了。锐不可当的汉军奋勇冲
进敌阵，只杀得赵军丢盔弃甲，一派狼藉。正是"兵败如山

倒",陈余在慌乱中,注意到营中已遍插汉军军旗。赵军惊魂未定,营中汉军已经冲杀出,与韩信、张耳从两边夹击赵军。张耳一刀将陈余斩于马下,赵王歇也被汉军生擒,赵军20万人马全军覆没。

韩信把"假之以便,唆之使前"的招术很好地运用到了对敌的战术中,不但通过逃跑露败相削弱敌人的斗志,还遗留一些军用物资乱敌阵脚,把敌人诱进了他的"绝杀"阵,从而一举得胜。

树上开花

原文

借局布势,力小势大①。鸿渐于陆,其羽可用为仪也②。

注释

①借局布势,力小势大:借助某种局面布成阵势,兵力弱小但可使阵势强大。

②鸿渐于陆,其羽可用为仪也:语出《易经·渐》卦。渐,卦名。本卦为异卦相叠(艮下巽上)。上卦为巽为木,下卦为艮为山。卦象为木植于山上不断生长。渐,即渐进。

本卦上九说鸿雁飞到陆地上，它的羽毛可用来编织舞具。

借其他局面布成有利的阵势，虽然实际兵力弱小，但外部阵容显得很强大。解语中的"鸿渐于陆，其羽可用为仪也"，是引自《易经·渐》卦。它的意思是说：大雁虽小，但在天空飞翔，横空列阵，凭着它们羽毛丰满的双翼，却很有威势。这里是用它来比喻兵力虽然弱小，但借助外部条件，虚布强大阵势，可以以此慑服敌人。

点　评

"树上开花"，是巧借其他因素以壮其声势，迷惑、震慑敌人的一种计谋。也就是用诈术制造假象，使敌人真假难辨，在惊惶疑惑中上当挨打。像本来无花之树，可以用彩色绸子剪成花朵，装点在树上，使人难分真假一样，这就是借局布阵、增势生威的妙用。

在敌强我弱的不利情势下，为摆脱困境，全军避害或迷惑敌人，乘机进击，可用此计。

事　例

公元前 284 年，归顺于燕昭王的名将乐毅统帅秦、魏、韩、赵、燕五国军队，接连攻下齐国 70 余座城，最后只剩下可怜的莒与即墨两座城池。齐国百姓都是硬骨头，决心抵抗到底，他们拥立田单为将，拼死抵抗，燕军久攻不下。

这时，有人在燕昭王面前放冷箭："乐毅不是燕国人，不会真心为燕，否则，为何这么多人给他领着，两座城池还久攻不下？他是想自己当齐王。"幸亏燕昭王是个明白人，他没有多说什么，而是大方地要立乐毅为齐王。但是，乐毅不愿做乘人之危的事，坚决推辞不接受。不久，燕昭王去世，燕惠王继位。他可没他爹英明，一上任就用没有什么名气和建树的骑劫取代了乐毅。

乐毅失宠，投奔了赵国。这无疑给齐国制造了喘息的机会。

当时，燕军强，齐国弱，田单便决定用"树上开花"之计来搞定骑劫。

第一，田单利用当时的迷信心理，自称有"神师"相助。他让军中一个聪明的士兵充当"神师"，随后要求齐军每天饭前要拿食物到门前空地上祭祀祖先。这样，成群的乌鸦、麻雀都飞来抢食。田单每次发号施令，也要称是奉"神师"之命，搞得很有"神师相助，飞鸟朝拜"的感觉，连齐国人都相信了，燕军听说后更是惶恐不安。

第二，田单故意散布流言，说：如果燕军割下齐军俘虏的鼻子，以割下鼻子的齐军俘虏当作"盾牌"来推进，齐人定会破胆而即墨可下。骑劫一听，果然命人割下齐国俘虏的鼻子。然而，骑劫的愚蠢行为激起了齐国军民的义愤，他们坚决抵抗，不愿被俘。田单又故意传言，说：我就担心燕军挖掘我们城外的祖坟，这样会让我们寒心而放弃希望。燕军果然又挖坟焚尸。骑劫的又一愚蠢行为进一步激起了齐国军民的斗志，他们个个咬紧牙关，流着眼泪要去作战。

第三，田单命令即墨的富豪带着财宝偷偷出城"投降"燕军、"贿赂"燕国将领，要求对方在进城时不要掠夺自己，使得骑劫确信：齐国已经失去作战能力，只有投降。

第四，田单知道齐军人数太少，于是一方面安排妻妾入伍、老弱守城；另一方面把城中的 1000 多头牛集中起来，角上绑以尖刀，牛尾上系以大把浸了油的麻苇；另外，还选了 5000 壮士随于牛后。夜晚，齐军点燃麻苇，牛被尾巴上的火弄得又惊又躁，直冲燕国军营。燕军根本没有防备，一个个魂飞魄散，哪里还能还手！骑劫在乱军中被杀，燕军一败涂地。于是，齐军乘胜追击，把原先丢失的 70 多座城也收回来了。

田单这一"树上开花"之计，准备得充分、周到，声势该强时强，该弱时弱。"花"开满"树"，不但很好地迷惑了敌方，也为最终的胜利作好了铺垫。

反客为主

乘隙插足，扼其主机^①，渐之进也^②。

①乘隙插足，扼其主机：找准时机插足进去，掌握他的要害关节之处。

②渐之进也：语出《易经·渐》卦。本卦《彖》辞："渐之进也。"意为渐就是渐进的意思。此计运用此理，是说乘隙插足，扼其主机。《易经·渐》卦上说的就是这个意思，要循序渐进。

这个解语除了"主机"二字外，其他并不难懂。什么是"主机"呢？"主机"是指出谋划策、发号施令、掌握大权的统帅机关，也可以理解为要害部位。整句解语的意思是说，钻空子插进脚去，控制它的首脑机关或要害部门，要循序渐进。也就是说，要想取而代之，就不能操之过急，必须有计划地逐渐实现。

点 评

"反客为主"，原意为：主人不善待客，反受客人之招待。比喻化被动为主动。《十一家注孙子·虚实篇》："张预曰：我先举兵，则我为客，彼为主；为客则食不足，为主则饱有余。若夺其蓄积，掠其田野，因粮于彼，馆谷于敌；则我反饱，彼反饥矣，则是变客为主也。"另见《三国演义》第七十一回："渊（夏侯渊）恃勇少谋。可激励士卒，拔寨前进，步步为营，诱渊来战而擒之：此乃反客为主之法。"它在军事上是一种由弱变强，由被动变为主动，争取战争主动权的战略。

在军事上，一般以深入敌国作战为"客"，在本地防御

并
战
计

125

为"主"。"主"军有利条件多，如地理、民情熟悉，地势好，防御阵地较坚固等；"客"军一方，劳师远征，人地两疏，给养困难，易陷入困境。因此，古代兵家根据历史经验提出，在不利条件下，可变攻为守，诱敌来攻，由于主客易位，可以化不利为有利，乘机歼敌，以实现作战目的。此即"反客为主"的战略思想。

事例

东汉建安十三年（208年），曹操亲率80万大军，沿长江摆开"曹门阵"，想一口吞了东吴，实现他统一天下的宏大愿望。面对强敌压境，东吴众臣有主战的也有主降的，弄得吴主孙权天天看着这两个阵营打嘴仗，也不知该听谁的好。刘备他们可不能失掉东吴这个强有力的对抗曹操的盟友，于是诸葛亮又带着他那"三寸长的舌头"出使东吴，游说孙权共同抗击曹操。

来到东吴以后，他知道周瑜才是东吴孙权以外的头面人物，如果说服了周瑜，孙权就好搞定了。此时的周瑜，虽然心里也有抗曹的念头，但他在诸葛亮面前摆起了谱，不露痕迹；同时他也想让诸葛孔明先亮底牌。因此一谈到抗曹之事，周瑜就哼哼哈哈地搪塞过去。诸葛亮也不急，他决定找个法子刺激周瑜说出心里话来。

一天晚上，鲁肃和诸葛亮一起去会见周瑜。鲁肃问周瑜："现如今曹操驻兵南侵，是战是和，都督你看如何？"

周瑜说道："曹操手上有天子这张王牌，我们难以抗命。而且，曹操兵力强大，不可轻敌。战则必败，和则易安，我的意见是以和为上策。"

鲁肃大惊道："将军不是开玩笑的吧，江东三世基业，怎么能一眨眼就白白送给别人呢？"

周瑜说道："江东六郡，千百万生命财产，如果被战祸毁了，我岂不是要被千人骂、万人恨？因此，我觉得还是讲和好。"

诸葛亮听完两人的对话，没有再去劝说，而是很平静地说："我有一条妙计，只需差一名特使，驾一叶扁舟，送两个人过江。曹操得到那两个人，百万大军肯定会卷着铺盖回老家。"

周瑜一听，还会有这样的好事？心想死诸葛咋不早说呢！他连忙问是哪两个高人。

诸葛亮说道："曹操本是一个色狼，他打听到江东乔公有两位千金小姐——大乔和小乔，长得美丽动人，曹操曾发誓说：'我有两个志向，一是要扫平四海，创立帝业，流芳百世；二是要得到江东二乔，以娱晚年。'目前曹操领兵百万，进逼江南，其实就是为乔家的两位千金小姐而来的。将军不如直接找到乔公，花上千儿八百两黄金买到那两个女子，差人送给曹操。江东失去这两个人，就像大树上掉一二片黄叶、大海减少一二滴水珠那样，几乎没有什么损失。而曹操得到这两个美女哪还会有心思打仗，肯定抱着美女欢天喜地班师回朝了。"

周瑜的脸已成了茄子色，他咬着牙根说道："曹操想得到大乔和小乔，你有什么证据？"

诸葛亮答道："有诗为证。曹操的儿子曹植十分会写文章。曹操曾在漳河岸上建造了一座铜雀台，雕梁画栋，十分壮丽，并挑选许多美女安置其中，又令曹植作了一篇《铜雀台赋》。文中之意就是说他会做天子，立誓要娶'二乔'。"

周瑜问："那篇赋是怎么写的，你可记得？"诸葛亮说道："因为我十分喜爱赋中文笔华丽的句子，曾偷偷地背熟了。"接着就朗诵起来："从明后以嬉游兮，登高台以娱情……临漳水之长流兮，望园果之滋荣。立双台于左右兮，有玉龙与金凤。揽'二乔'于东南兮，乐朝夕之与共。"

周瑜听完，终于发作了，他从椅子上蹦起来指着北方骂道："曹操你这个老贼，欺负到我头上来了，竟敢想让俺做绿头乌龟，我一定要好好地修理你！"

诸葛亮表面上急忙阻止，其实是火上浇油地说道："都督忘了，古时候单于多次侵犯边境，汉天子许配公主和亲，你又何必可惜民间的两个女子呢？"

周瑜说道："你有所不知，大乔是孙策将军的夫人，小乔就是我的爱妻！"

诸葛亮不知道才怪！他假装说错话了，不好意思地说道："真没想到是这样，我真是胡说八道了，该死该死！"

周瑜怒道:"我与曹操老贼誓不两立!"

诸葛亮却故作姿态地劝道:"请都督不要意气用事,世上没有卖后悔药的。"

周瑜说道:"我多亏了孙伯符器重,怎么能做个软骨头屈服曹操这个强盗?我早就有了北伐之心,就是刀剑架在脖子上,也不会变卦的。劳驾先生助我一臂之力,同心合力共破曹操。"

于是,孙、刘结成的抗曹联盟得到巩固,最后取得了赤壁之战的重大胜利。

诸葛亮能说服周瑜,关键在于他抓住了对方的要害,即周瑜的气量太小,容易被人激怒。再者,大丈夫连自己的妻子都不能保全,是人生的一大耻辱,周瑜绝不会忍受这样的耻辱。尽管这一切不过是诸葛亮假借曹植的诗赋牵强附会地一说,却达到了激怒周瑜联合抗曹的目的。

败战计

美人计

原 文

兵强者，攻其将；将智者，伐其情。将弱兵颓，其势自萎。利用御寇，顺相保也[1]。

注 释

[1]利用御寇，顺相保也：语出《易经·渐》卦。本卦卦辞曰："利御寇，顺相保也。"是说利于抵御敌人，顺利地保卫自己。

译 文

对兵力强大的敌人，要设法制服他的将帅；对足智多谋的将帅，要设法腐蚀他的意志。将帅的斗志衰退、兵卒的士气消沉，那么军队的战斗力也就丧失殆尽了。因此，针对敌人的弱点进行渗透瓦解，就可以顺势保存自己的实力。

此计运用此象理，是说利用敌人自身的严重缺点，己方顺势以对，可使其自颓自损，己方一举得之。

点评

"美人计"早被兵家用作谋攻的策略。《韩非子·内储说下》记有："晋献公伐虞、虢，乃遗之屈产之乘，垂棘之璧，女乐二八，以荣其意而乱其政。"《六韬·文伐》中亦有："对直接采取军事行动不能征服之敌，须养其乱臣以迷之，进美女、淫声以惑之……"这是用美女（或金银珠宝等）诱惑敌人，使其贪图享乐，斗志消沉，内部分裂，以达到战场上达不到的目的。

兵家有云："攻心为上。""美人计"就是一种"攻心"之计。"心者，将之所主也。"倘能针对其弱点施计用谋，"则彼之心可夺也"。孙子也说过："不战而屈人之兵，善之善者也。"美人计就是针对敌将在思想、意志和品德上有贪财好色的弱点，投其所好，用美女、财物等"糖衣炮弹"施以攻击，使之性情意怠，达到夺其心、乱其谋，而后相机取胜的目的。这是一种采取隐蔽手段，用软刀子制服敌人的一种有效方法。把它列在"败战计"之首，足见其重要地位。

事例

东汉末年，汉献帝9岁登基，朝廷由董卓专权。董卓为人阴险，滥施杀戮，并有谋朝篡位的野心。满朝文武，对董卓又恨又怕。

司徒王允十分担心朝廷出了这样一个奸贼，认为不除掉他朝廷难保。但董卓势力强大，正面攻击，还无人斗得过他。董卓身旁有一义子，名叫吕布，骁勇异常，忠心保护董卓。王允观察这"父子"二人，狼狈为奸，不可一世，但有一个共同的弱点：皆是好色之徒。何不用"美人计"，让他们互相残杀，以除奸贼？

王允府中有一歌女，名叫貂蝉。这个歌女，不但色艺俱佳，而且深明大义。王允向貂蝉提出用美人计诛杀董卓的计划，貂蝉为感激王允对自己的恩德，决心牺牲自己，为民除害。在一次私人宴会上，王允主动提出将自己的"女儿"貂蝉许配给吕布。吕布一见这绝色美人，喜不自胜，十分感激王允，决定选择吉日完婚。第二天，王允又请董卓到家里来，酒席筵间，要貂蝉献舞。好色的董卓一见貂蝉，馋涎欲滴。王允说："太师如果喜欢，我就把这个歌女奉送给太师。"老贼假意推让一番，高兴地把貂蝉带回府中去了。

吕布知道之后大怒，当面斥责王允。王允编出一番巧言哄骗吕布，他说："太师要看看自己的儿媳妇，我怎敢违命！太师说今天是良辰吉日，决定带回府去与将军成亲。"吕布信以为真，等待董卓给他办喜事。过了几天没有动静，再一打听，原来董卓已把貂蝉据为己有。吕布一时也没了主意。

一日董卓上朝，忽然不见身后的吕布，心生疑虑，马上赶回府中。在后花园凤仪亭内，发现吕布正与貂蝉抱在一起，他顿时大怒，用戟朝吕布刺去。吕布用手一挡，没能击中。吕布怒气冲冲地离开太师府。原来，吕布与貂蝉私自约会，貂蝉按王允之计，挑拨他们的父子关系，大骂董卓夺了吕布所爱。

王允见时机成熟，邀吕布到密室商议。王允大骂董贼强占了女儿，夺去了将军的妻子，实在可恨。吕布咬牙切齿，说："不是看我们是父子关系，我真想宰了他。"王允忙说："将军错了，你姓吕，他姓董，算什么父子？再说，他抢占你的妻子，用戟刺杀你，哪里还有什么父子之情？"吕布说："感谢司徒的提醒，不杀老贼誓不为人！"

王允见吕布已下决心，他立即假传圣旨，召董卓上朝受禅。董卓耀武扬威，进宫受禅。不料吕布突然一戟，直穿老贼咽喉。奸贼已除，朝廷内外，人人拍手称快。

王允摸准了董、吕二人的弱点，巧妙地利用貂蝉这一绝色美人，让二人为此争风吃醋，互相残杀。由此可见美人计的厉害。

空城计

虚者虚之，疑中生疑①；刚柔之际，奇而复奇②。

注释

①虚者虚之，疑中生疑：第一个"虚"为名词，意为空虚的；第二个"虚"为动词，使动用法，意为让它空虚。全句的意思是，空虚的就让它空虚，使它在疑惑中更加令人疑惑。

②刚柔之际：语出《易经·解》卦。解，卦

名。本卦为异卦相叠（坎下震上）。上卦为震为雷，下卦为坎为雨。雷雨交加，荡涤宇内，万象更新，万物萌生，故卦名为解。解，险难解除，物情舒缓。本卦初六"象"辞："刚柔之际，义无咎也。"意为使刚与柔相互交会没有灾难。

译文

这解语里的"刚柔之际"，是引自《易经·解》卦，意思是指"敌众我寡"的危急关头。整段解语的意思是说：兵力空虚，但是如果再故意显示出不加防守的样子，那就会使敌人难以揣摩。在敌众我寡的危急关头，这种用兵之法显得格外奇妙。

此计运用此象理，是说敌我交会相战，运用此计可产生奇妙的功效。

点评

"空城计"在《三国志·诸葛亮传》裴松之注引的郭冲"三事"中有此记述。《三国演义》第九十五回"武侯弹琴退孟达"写得更加详细。此计是在敌众我寡的紧要关头，为迷惑敌人，解救燃眉之急，以"虚者虚之"的手段，迫不得已而用之的一种险策。

诸葛亮的"空城计"，在我国民间已是千古流传，妇孺皆知了。《三国演义》中写的是：在马谡街亭失守之后，诸葛亮为挽回不利的作战局面被迫采取了这一冒险措施。他以一座空城，让"老谋深算"的司马懿产生错觉，以为城内埋伏着强兵猛将，便毅然下令退兵，坐失克敌制胜的良机。其所以如此，主要是因为诸葛亮历来用兵谨慎，足智多谋，司马懿曾多次败在他的手下，心有余悸。诸葛亮则知彼知己，善于审时度势，一反常法而用之，故收奇效。

事例

汉献帝建安二十四年（219年），刘备手下大将黄忠在汉中定军山一战中大败夏侯渊，曹兵都像惊弓之鸟般四散逃命。黄忠像杀鸡一般砍了夏侯渊的头，提到刘备那里换点酒喝喝，心想刘备一高兴肯定给他封个大官做做。果然，刘备高兴地为他摆了庆功宴，还封了一个"征西大将军"的名号给他。黄忠从此在同事们面前都像小天鹅那样走路。

一天，刘备正在想象曹操的头被黄忠拎回来的样子，睑上不禁浮现出一丝笑容。忽然一小将前来禀报："曹操带着20万大军，驻守在汉水北山下了，天天在营前大喊要为夏侯渊报仇。"刘备一听不妙："曹操这小子啥时候这么讲义气了，看来失去夏侯渊真的是他心头的痛啊。"刘备素来知道天塌下来都有人顶着，于是不慌不忙地去找那个能顶天的军师商量去了。军师按照惯例摇了摇他的鹅毛扇子，在地上走了两圈，便生出了一计：夺曹营的粮草。刘备大喜："好计！"

刘备屁颠屁颠地回去找他一帮打手去了。黄忠可能还想捞个"征曹将军"当当，第一个报名说："老夫愿意担当此任。"刘备说："曹操可不像夏侯渊那样好对付，不能轻敌。你可以与赵子龙一起领兵前往，遇事有个商量的人。"

黄忠与赵云商量劫粮计策，赵云说："夺粮这种事，非同小可，让晚辈先去，怎么样？"

黄忠一听不乐意，心想一个黄口小儿居然跟我争功："我堂堂一个主将，让副将当前锋，面子往哪搁？"

赵云说："将军，我们什么关系，还要分什么你我吗？要不这样，我俩抓阄，谁抓着谁就先去。"

黄忠想了想说道："中。"

结果黄忠拈着先去。赵云说："既然将军先去，我就做你的后援保护你。我们约定时间，如将军按时返回，我就按兵不动；如果将军过时还不返回，我就带兵前去接应。"于是二人约定午时返回。赵云回营，对部下将领张翼说："黄将军明天去曹营夺粮草，如果午时还没回，我会前去相助。我营面临汉水，地势险要，你要谨慎守寨！"

当夜黄忠就吃饱了饭，喂饱了马，率领人马偷渡汉水，直冲北山而去。到了曹营，天正好也快亮了。黄忠不是近视眼，他看见曹操的粮食堆得像小山坡那么高，更可喜的是只有几个兵在那守着。黄忠脸上掠过一丝得意的笑容，令部下一齐下马放火。黄忠刚说到"预备，放……"的时候，突然曹操部下张郃队伍赶到，将黄忠拦截，围困起来。

再说赵云在营中喝完早茶，等到中午，肚子都咕咕叫了，还不见黄忠返回，于是急忙上马带着骑兵前去接应。他一路冲出曹军的几次包围，杀至北山下，救出黄忠，及时杀回本寨。

曹操听说赵云坏了他的好事，直骂张郃窝囊废，并令他与徐晃去追。守营的赵云部下张翼，在寨门前迎接赵云入寨，望见后面尘烟滚滚，知道是曹军追来，就命令士兵关闭寨门，上敌楼防卫。赵云上前阻拦说："休闭寨门！听我安排。"于是命令大开营门，停止擂鼓，收起战旗，然后在寨外壕沟中埋伏了弓弩手。赵云自己却不进营内，单枪匹马，巍然立于大营门前。

张郃、徐晃率领兵马追到赵云营前，天色正黑，见营中寂静无声，只有赵云一人单枪匹马立于门前，顿时心生疑惑。两人你看看我，我看看你，一个说"你先探探，我掩护"，另一个说"你先吧，我掩护比较合适"。正在两人互相推让时，只见赵云举枪一招，两边壕中弓弩像流星雨一样齐向曹军射来。曹军惊慌大乱，天色又黑，前脚踩后脚的很多，结果逃着拥到汉水河边，纷纷落水，死伤惨重。

赵云大战曹军，在汉水边收拾刀、弓、箭、马鞍什么的无数。消息报到刘备那里，第二天刘备和孔明一同到赵云营前察看，军士又将赵云大开营门诱敌的光荣事迹上报一遍。刘备听后竖起大拇哥对孔明说："子龙真是一身是胆啊！"

赵云巧用"空城计"，吓退了勇猛的曹军。这是利用假象来迷惑、欺骗敌手的一种谋略。"空城计"是一种智慧，更是一种胆略。指挥员没有一点勇气和胆量，是绝不敢冒这样的风险的。难怪刘备赞扬赵云"一身都是胆"。

反间计

原　文

疑中之疑[1]。比之自内，不自失也[2]。

注　释

①疑中之疑：在疑阵之中再设疑阵。

②比之自内，不自失也：语出《易经·比》卦。比，卦名，本卦为异卦相叠（坤下坎上）。本卦上卦为坎为水，下卦为坤为地，水附托于大地，大地容纳着水，此为相依相赖，故名"比"。比，亲比，亲密相依。

"比之自内，不自失也"，是引自《易经·比》卦。这段解语的意思说：在疑局中再布设一层"迷雾"，顺势利用隐蔽在自己内部的敌人间谍去误传假情报，这样就不会因有内奸而遭受损失。

此计运用此象理，是说在布下一重重的疑阵之后，能使来自敌人内部的间谍归顺于我，我则可有效地保全自己。

点评

"反间计"是利用或收买敌方间谍为我所用的一种计策。见《孙子·用间篇》："反间者，因其敌间而用之，故反间可得而使也。"《长短经·五间》："陈平以金纵反间于楚军，间范增，楚王疑之，此用反间者

也。"杜牧在《十一家注孙子·用间篇》中解释"反间"说：
"敌有间来窥我，我必先知之，或厚赂诱之，反为我用；或
佯为不觉，示以伪情而纵之，则敌人之间，反为我用也。"

战争中使用间谍，早在我国古代就有了。对于如何使
用间谍，《孙子·用间篇》就此作了专题论述，其中讲了五
种用间：一是"因间"，故意示伪情于敌方间谍；二是"内
间"，收买敌方官吏为间谍；三是"反间"，收买或者利用敌
方间谍为我效命；四是"死间"，故意示伪情于敌谍使之上
当受挫，敌方往往将其处死；五是"生间"，派去来方便之
人到敌方去侦察，返回报告情况。孙子说，这五间俱用，就
会使敌人摸不到规律，神妙莫测，无法对付。

事　例

赤壁之战开始前，曹操用荆州降将蔡瑁、张允为水军
都督。这二个人不仅擅长游泳，什么狗刨式、蛤蟆式、自由
式式式精通，而且还有一套指挥水上作战的理论，是当时各
方水军将领中的佼佼者。曹操用这二人，对周瑜来说，无疑
是增加了他破曹军的障碍系数。周瑜是吃嘛嘛不香，睡觉时
都在偏着头想怎么设计除掉这二人。在他快想成偏头痛的时
候，机会终于送上门来了。曹操派他的门客蒋干以同学身份
来劝降周瑜，于是周瑜便来个将计就计，成功地上演了一场
"反间计"。

周瑜听说蒋干来访后，便已经知道他干啥来了，于是

准备了一番,当天还设宴招待了老同学,那顿饭即是有名的"群英会"。周瑜一个劲地劝老同学喝酒,害得蒋干一肚子的劝降话没机会说。喝到差不多了,周瑜说自己喝高了,邀请蒋干与自己同床而卧,叙叙旧。刚上床,周瑜就吐得一塌糊涂,胡乱扯了几句后就倒在床上不省人事,梦中还几次嚷嚷着:"子翼,你等着,没几天,我就教曹操人头落地!"蒋干听完大吃一惊,怎么也睡不着。他估摸周瑜是真睡着了,于是爬起来开始了他"特务小强"的活动,在帐内四处翻看周瑜的军机文件。突然,他在周瑜的办公桌上发现了蔡瑁、张允暗通周瑜的书信,内容大概是说他们是假投降曹操,一有机会就把曹操的人头砍下拿来献上。蒋干马上像得到宝贝般,偷偷把信收起来放到自己怀中。周瑜为了配合他,用如雷的"鼾"声表示自己睡得很香很沉。蒋干轻轻地回到床上躺下,也假装睡了。将近半夜的时候,他听见有人喊周瑜,周瑜于是下床去见那人,走时还轻叫了几声蒋干,确认蒋干睡得很沉。蒋干也很配合地从嘴角流出一口哈喇子证明自己睡得很香,耳朵却张大了好几倍偷听周瑜和来人的谈话。周瑜和那人的声音却像小蚊子嗡嗡,只是在说到蔡瑁和张允的时候稍微大了一点。其实他们全程谈论的都是在哪发现了美女,而蒋干却以为来者是蔡瑁和张允的线人,因此对蔡、张二人和周瑜里应外合的计划深信不疑。

蒋干为自己聪明的猜测、勇敢的行动兴奋不已。他也怕周瑜早上醒来看见文件不在杀了自己，就半夜偷偷跑下床，上了一艘小船往曹操那赶。周瑜的戏份完成了，他看着逃跑的蒋干背影得意一笑。曹操在睡梦中被蒋干叫醒本来就有火，再看了二人的书信，不禁怒火中烧，立马下了斩首令，蔡瑁、张允两人就这么做了冤死鬼。

这里，周瑜之所以用计成功，主要在于他用假醉向蒋干输出了假信息，因"醉"为蒋干提供了翻看"军机文件"的机会，又因"醉后吐真言"给蒋干造成了错觉，使其对署名蔡瑁、张允的假书信信以为真。

苦肉计

原　文

人不自害，受害必真；假真真假，间以得行。童蒙之吉，顺以巽也①。

注　释

①童蒙之吉，顺以巽也：语出《易经·蒙》卦。本卦六五"象"辞："童蒙之吉，顺以巽也。"本意是说幼稚蒙昧

之人所以吉利，是因为柔顺服从。

败
战
计

 译 文

　　人在一般情况是不会自己伤害自己的，若遭受伤害必定是真的受人之害了；我以假作真，用真的取代假的，离间的目的就可以实现了。按照这一思维规律行事，就如同逗小孩一样容易了。

点 评

　　"苦肉计"，是用自我伤害的反常手段，骗取敌方信任，掩盖真实意图，以利克敌制胜的一种计谋。这种自我伤害和损失，以不妨碍达到既定目标为原则，是以小的、局部的牺牲，换取更大的胜利。

　　"人不自害"乃人之常情，也是人们分析和判断事物的通常习惯。"苦肉计"就是利用这个一般人的常情和习惯而反常行事，使敌方难于一下识破意图，甚而深信不疑，以至于吃大亏上大当。

事 例

　　春秋时期，吴王阖闾杀了吴王僚，夺了王位。吴王僚的长子——公子庆忌逃奔到了艾城，招纳不怕死的勇士，又到一些邻国游说，准备联合他们找时机进攻吴国为自己的父亲报仇，他还发誓说要把吴王阖闾的头割去当球踢。

143

吴王阖闾听后十分害怕：一是怕自己刚刚抢过来的位子还没坐热乎又丢了；二是怕庆忌哪天真来了。因为传说这个庆忌强壮如牛，有万夫不挡之勇。比如有一次他命令属下向自己的心窝射箭，没料到他伸手一抓，那支飞箭就到了他手里。

吴王阖闾吃不香，睡不好，整日里提心吊胆，他要大臣伍子胥替他设法除掉庆忌。伍子胥四处寻访，好不容易在民间找到了一个智勇双全的高人，名叫要离。阖闾一看要离又瘦又小，长得还无比丑陋，便对伍子胥大骂："你拿本王开涮哪，领一小孩回来，还杀人，我看杀鸡还成问题呢！"

要离说："刺杀庆忌这样的大块头，靠的是智商，不是拳头。只要我能接近他，就算他力大如牛，我也能把他杀死。"

阖闾说："庆忌对吴国防范最严，你怎么能够接近他呢？"

要离说："这个简单，只要大王砍断我的右臂，杀掉我的妻子，我就能取信于庆忌。"

阖闾说："不中，手臂怎么说也是肉做的，怎么能说砍就砍，你当是猪肉啊。况且你又没犯错，我无缘无故把你砍了，百姓不得骂我昏君啊？"

要离说："大王，舍不得孩子套不着狼，舍不得胳膊套不着庆忌，为国亡家，为主残身，我心甘情愿。"

阖闾说："那……既然你这么讲义气，我，我就成全你好了……"

这世上什么传播得最快？流言，没错。吴都忽然流言四起：阖闾弑君篡位啦，是无道昏君。吴王下令追查，原来流言是要离散布的。阖闾下令捉了要离和他的妻子，要离当面大骂昏王。阖闾以要追查同谋为名，给要离留了个活口，只是斩断了他的右臂，把他夫妻二人关进监狱。

剧情还在进一步发展中，各位请看：

几天后，伍子胥让狱卒都假装喝醉了，要离乘机逃出。阖闾听说要离逃跑，就杀了他的妻子——这个死都不知道到底因为啥的女人。

要离逃出吴境，一路哭诉阖闾的无道，得知庆忌在卫国，便去投奔。庆忌见他少了右臂，大概问了一下，没说什么就收下了他。不久，庆忌的心腹探来可靠情报，说要离妻子的尸体已经被吴王扔到大街上一把火烧了。要离一听，眼中都喷出了火，指天发誓，要亲手杀了吴王。两人有了共同的仇人，庆忌这时对他已经深信不疑了，问道："阖闾有伍子胥这个鬼才辅佐，国强兵壮。我们现在兵微力薄，什么时候才能出了胸中这口怨气？"

要离说:"伍子胥帮助阖闾杀君夺位,是打算借兵伐楚,为父兄报仇的。哪知道阖闾得位以后,只知道享受荣华富贵,早把替子胥报仇的事忘到了脑后,伍子胥心中很不满。我这次能逃出来,全靠他全力帮助。他跟我说过,公子如果肯为伍子胥报仇,他愿协助公子。"

庆忌一听大喜,连忙命人修造战船,训练兵马,为伐吴做充分的准备。要离鞍前马后,出谋划策,俨然成了庆忌的军师。庆忌看到他如此卖命,经常废寝忘食的,也把他当作自己的心腹,十分信任。

3个月后,庆忌带着大批人马,沿着长江水路顺流而下,打算偷袭吴国。庆忌坐在船头,要离执矛侍立。船行江心,江面忽然刮起大风。站在上风口的要离借着风力,突然将长矛刺向庆忌,一下子刺穿了胸膛。左右卫士一看小矮子居然行刺自己的头头,都跳起来要杀死要离。庆忌仰天大笑,摆手劝阻:"就是这么一个残废,都敢杀我,勇士啊!我已经活不成了,就把他留着吧,将来还能出个名,写个自传什么的。你们千万不要杀他!"说罢,拔出身上的长矛,倒地身亡。

庆忌的卫士遵从遗命,送要离渡江。上岸以后,要离心中突然涌上一阵惆怅:为交情不深的君王完成了使命,却搭上了自己的一只胳膊、妻子的性命、一个与自己无怨无仇的英雄的情义……要离仰天苦笑道:"我还有什么脸面苟活人世!"说罢,抽出宝剑,砍断自己的手足,投江而死。

苦肉计，前提是个"苦"字。要离的办法不仅是个"苦"字，还有个"血"字，所以他的计谋无疑是成功的。但代价是巨大的，是一种悲剧，而且他的出发点在我们今天看来是愚昧的。所以，若非万不得已，不能拿自己的命和家人的生命去实施"苦肉计"。

连环计

原　文

将多兵众，不可以敌，使其自累，以杀其势。在师中吉，承天宠也[1]。

注　释

①在师中吉，承天宠也：语出《易经·师》卦。是说主帅身在军中指挥吉利，因为得到上天的宠爱。此计运用此象理，是说将帅巧妙地运用此计，克敌制胜，就如同有上天护佑一样。

译　文

敌军兵力强大，不能同它硬拼，应当运用计谋使他自相牵制，借以削弱他的战斗能力。解语中的"在师中吉，承天

147

宠也"，是引自《易经·师》卦，意思是指：将帅能巧妙运用计谋，达成克敌制胜目的，就像有天神在相助一样。

点 评

"连环计"，是给强敌甩"包袱"，制造障碍，"使其自累"，以削弱他的力量，夺取战役和战斗的胜利的一种谋略。通常有两种理解：

一种见《兵法圆机·先》："大凡用计者，非一计之可孤行，必有数计以上也……故善用兵者，行计务实施，运巧必防损……此策阻而彼策生，一端制而数端起，前未行而后复具，百计迭出，算无遗策。虽智将强敌，可立制也。"这就是说，把连续运用两个以上计策的称为"连环计"。

另一种则是取意于"使其自累，以杀其势"，认为凡是前后运用两种计谋，前计在于使敌"自累"，自相钳制，以削弱其战斗力，从而改变战场形势；后计则是在前计基础上，对敌人实施攻击，消灭其有生力量，夺取全局性的胜利。

由此看来，第二种理解更符合此计的内容实质。

在运用"连环计"时，关键是抓住敌人的弱点，首先要令其"自累"，削弱其战斗力，这样才能转变战局，克敌制胜。

事 例

《三国演义》中写道，赤壁之战中，为了洗刷上次被周瑜开涮的耻辱，蒋干决定再与周瑜过招，又一次渡江前来刺探黄盖投降的虚实。周瑜假意抱怨他上次偷了私人书信后不辞而别，故意冷落他，把他扔在西山后面一个小庙里住下。

一天晚上，风清月明，蒋干出来闲走，突然听到了前面草房中传来的琅琅读书声。蒋干循声走了过去，只见有一高人正在读《孙子兵法》。蒋干素来爱结交高人奇士，于是推门而入。经过交谈，才知道这个读书人是大名鼎鼎的庞统，因受周瑜排挤，隐居在此。天性单纯的蒋干不禁产生了侧隐之心，拍着胸脯说："既然吴国有眼无珠，浪费人才，我来为您引荐明主。"

此话正中庞统下怀，他一脸感激之情："您可真是我的知音啊！我早就想离开此地，苦于没有伯乐推荐。那咱们现在就走吧，要是被周瑜那个小气鬼发现，咱们就走不成了。"于是，蒋干被庞统忽悠着坐小船离开了。

小船一路飞桨到了北岸。曹操听说庞统来到，不改他"礼贤下士"的好传统，亲自出帐迎入。与庞学士一番交谈之后，曹操很是欢喜，大赞他有才学。听到庞统痛诉被周瑜冷落，过了一阵吃咸菜下饭的日子，曹操好一阵心酸，连忙一顿好酒好菜招待。酒足饭饱，曹操谦虚地向庞统请教："我方士兵一上船练习作战，就爱犯晕或是出现呕吐的症状，严重的还有死亡的，这个毛病怎么解决？"庞统说："北方人在平地上跑惯了，不习惯水上作战，因为船行驶起来颠来簸去的。如果把大小战船都用铁环扣紧，船面再铺上木板，船就平稳了。将士们别说不会再呕吐，就是想站着打、躺着打、趴着打都行，胜利就是咱们的了。"曹操一听，连称"妙计"，立即下令连夜打造铁环、铁钉，把战船连在一起。将士们听了，心想这回打仗的时候就不会因为吐而挨饿了，都还在那高兴哪。

庞统见曹操上当，借招降吴将为名，脚底抹油开溜了。而曹操将战船连锁到一起，中了庞统的"连环计"。结果，在周瑜实施纵火大计时，船只互相钳制，都无法逃脱。曹操聪明一世，糊涂一时，被庞统忽悠，"收获了"赤壁之战的大败。

在赤壁之战中，周瑜通过一连对蒋干用二计，间接对曹操用了三计：第一次蒋干中圈套让曹操杀了懂水战的蔡瑁、张允，属反间计；第二次是让黄盖诈降，属苦肉计；第三次是蒋干听信庞统之言，引狼入室，让曹操听信庞统的馊主意把战船环扣在一起，被大火烧了个精光，属上屋抽梯之计。三计连用，才使曹操大败。

我们可以看到，这三计环环相扣，呈纵向递进关系，如果一计失败就不能有最后火烧曹军战船的成功。所以，连环计是由许多方案、许多步骤组成的系统方案，方案在实施之前可以选择，一旦确定之后，其中的步骤都是环环相扣，哪一步出了问题，都可能影响到全局的胜负，或者其本身就不可行，所以有一些连环计并不一定就能取得成功。

走为上计

全师避敌①。左次无咎，未失常也②。

①全师避敌：全军退却，避开强敌。

②左次无咎，未失常也：语出《易经·师》卦。是说军队在左边扎营，没有危险（因为扎营或左边或右边，是依情形而定的），这并没有违背行军常道。

这"左次无咎，未失常也"是引自《易经·师》卦。这段解语的意思是说：在不利的形势下，全军要主动退却，避强待机。这种以退求进的做法，并没有违背正常的用兵法则。

此计运用此理，是说这种以退为进的指挥方法，是符合正常的用兵法则的。

"走为上"，语出《南齐书·王敬则传》："檀公（指檀道济）三十六策，走是上计。汝父子唯应急走耳。"古代兵家对此多有论述。《孙子·虚实篇》："退而不可进者，速而不可及也。"《吴子·应变篇》有"不胜速走……退还务速。"《百战奇略·退略》论述更为具体："凡与敌战，若敌众我寡，地形不利，力不可争，当急退以避之，可以全军。""走为上"原意是说，事情已到了无可奈何的地步，除了走别无上策。在军事上，则为在敌强我弱的情况下，主动退却，保存实力，伺机破敌的一种谋略。

"走为上"，并非说"走"是三十六计中最高明的"上乘"计策，而是说当自己处于劣势、力战必败的情况下，"走"是最好的办法。所谓"走"，就是有计划地主动退却，作战略转移，保存有生力量，为将来"东山再起"留下宝贵的"资本"。俗话说："留得青山在，不愁无柴烧"，就是这个道理。在通常情况下，形势于我不利，要避免与敌决战，出路只有三条：即投降、讲和及退却。前两条不是彻底的失败，就是一半失败，而退却尚有转败为胜的机会。三者权衡，的确还是"走为上"。

事 例

春秋初期，楚国一天天强大了起来。楚王胆子也跟着大了起来，加上晋文公跑去打楚国的小弟——曹国，这令楚王很生气，后果很严重：敢欺负我的兄弟，马上把你灭了。楚王派将领子玉率兵去攻打晋国。为了壮势，楚国还威胁陈、蔡、郑、许4个小国去帮忙做打手。

　　子玉率领大队军马极其浩荡地向曹国进发。晋文公听到情报后，分析了一下形势。闹了半天，他对这次战争的胜败没有把握，因为他找不到别的小国来帮忙做垫背的。曹国虽然被他打下了，但兵力已经在战争中消耗得差不多了。面对来势如猛虎般的楚国，晋文公想真打起来，自己还不是人家嘴边的肥肉一块，还是闪吧！可这会不会有点丢人？我晋文公虽然还没当上老大，但多少还有些威信，不能让那些小国笑话。找个什么理由好呢？他猛然想到了一个好主意。他对外宣称："想当年，我因为遭迫害逃亡在外，在楚国受到了先君的礼待。我当时就与他约定，将来如果我回晋国做了国君，愿意两国友好相处。如果迫不得已交兵的话，我肯定要先退避三舍。现在子玉伐我，我堂堂国君，当履行诺言，先退三舍（古时一舍为 15 千米）。"

　　他于是先撤退一舍，子玉不管什么约定不约定，猛追；晋文公再撤 15 千米，子玉追得更有劲——人家那么大老远领一趟兵过来多不容易，不打一架回去哪能罢休。晋文公最后一次撤退到 45 千米外，已经到晋国的边界城濮了。这里临黄河，靠太行山，可是御敌的好地方啊，看来子玉中计了。事先，晋文公已派人去秦国和齐国求援去了。

153

等子玉领着兵屁颠屁颠地追到城濮时，此晋文公已经不是彼晋文公了，他早已硬气起来，做好了防御的部署。他根据可靠情报得知楚国左、中、右三军中，右军最薄弱，因为右军前头为陈、蔡士兵，他们本是被胁迫而来，根本就无心打仗。子玉命令左右军先进，中军垫后。楚右军直接向晋军扑去，晋军又玩起了撤退，让陈、蔡军的将官以为晋军怕他们，又要逃跑，因此就拼命地追了过去。忽然晋军中杀出一支军队，驾车的马都蒙上了老虎皮。陈、蔡军的战马以为是真虎，吓得乱蹦乱跳，转头就跑。骑兵哪里控制得住，被马颠得伤的伤、死的死。楚右军就这样被老虎皮吓败了。晋文公派士兵假扮陈、蔡军士，跑到子玉那谎报："右师已胜，元帅赶快进兵。"子玉登车一望，晋军后方果然烟尘漫天，他得意地大笑道："晋军真是不堪一击。"子玉又中了晋军的诱敌之计，晋文公其实是在马尾巴后绑上树枝，来回奔跑，故意弄得烟尘满天，制造输得很惨的假象。子玉把最后的宝也押上了，他让左军也前去进攻。晋军故意打着帅旗往后撤退，楚左军也陷进晋国伏击圈，结果可想而知，又是遭灭。等子玉率中军赶到时，晋军三军合力，把子玉团团围住。子玉这才发现，右军、左军都已被歼，自己已陷重围，于是急忙指挥突围。虽然他在猛将成大心的护卫下逃得性命，但部队伤亡惨重，只得灰溜溜地回国。

这个故事中晋文公的几次撤退，都不是消极逃跑，而是主动退却，寻找或制造战机。所以，他的"走"是上策。